唐宋禪宗燈錄研究

倪　亮　龍中强　陳文敏 著

四川大學出版社

項目策劃：徐　凱
責任編輯：徐　凱
責任校對：毛張琳
封面設計：墨創文化
責任印製：王　煒

圖書在版編目（CIP）數據

唐宋禪宗燈録研究 / 倪亮，龍中强，陳文敏著．—
成都：四川大學出版社，2021.1
　（博士文庫）
ISBN 978-7-5690-3755-5

Ⅰ．①唐… Ⅱ．①倪… ②龍… ③陳… Ⅲ．①禪宗－
研究－中國－唐宋時期 Ⅳ．① B946.5

中國版本圖書館 CIP 數據核字（2020）第 108436 號

書　名	唐宋禪宗燈録研究
著　者	倪　亮　龍中强　陳文敏
出　版	四川大學出版社
地　址	成都市一環路南一段 24 號（610065）
發　行	四川大學出版社
書　號	ISBN 978-7-5690-3755-5
印前製作	四川勝翔數碼印務設計有限公司
印　刷	成都金龍印務有限責任公司
成品尺寸	170mm×240mm
印　張	8.25
字　數	133 千字
版　次	2021 年 1 月第 1 版
印　次	2021 年 1 月第 1 次印刷
定　價	38.00 圓

扫码加入读者圈

四川大學出版社
微信公眾號

目　録

引　言

佛家有偈云："吾本來茲土，傳法救迷情，一華開五葉，結果自然成。"① 此即爲禪宗早期之傳燈，"一華"言指達摩自己，"五葉"言指二祖至六祖五代的傳承法系②，禪門後世弟子循此軌轍，歷記法統，附之祖師言語事迹，發展既久，則燈録大興也。

一、引子

與燈録始終相連的一個詞語就是禪宗。燈録深植於禪宗的興衰發展之中，已然被貼上禪門的標籤，若要對其審視研究、理解開掘，禪宗二字想必是無法繞開的，所以，引子裏筆者想先簡要談談禪宗。

禪宗之源頭雖遠及西土，卻是地道的本土化宗教。佛教傳入中土，歷經數百年發展，至唐宋臻於極盛，然而一種外來的宗教文化要想在新的領地扎根，痛苦的蜕變是必不可少的，也就是通常所説的佛教"中國化"的過程，禪宗就是這一過程的重大產物，正如湯用彤所言：

　　隋唐佛教，承漢魏以來數百年發展之結果，五花八門，演爲宗派。且理解漸精，能融匯印度之學説，自立門户，如天台宗、禪

---

① 丁福保：《六祖壇經箋注》，臺北：新文豐出版公司，1984年版，第199頁。

② 按：關於"五葉"，亦有言指禪宗慧能下之雲門、曹洞、臨濟等五宗的説法，丁福保《六祖壇經箋注》覺此説非也，參閱同上之注釋。

宗，蓋可謂爲純粹之中國佛教也。①

正是禪宗這樣一個純粹的中國佛教，在歷史的長河中或努力繁衍，或虜獲文人士大夫之雅心，或浸潤民間俗世之精神，不斷滲入社會各階層，儼然成爲古典文化的重要組成部分。正因爲如此，禪宗絶對稱得上是近世佛教研究的重鎮，我國臺灣地區學者張曼濤在論及近世佛教研究時就説：

> 在現代中國佛學研究的過程中，有三支研究的路向，值得特別注意。第一支就是唯識，第二支是佛教史，第三支是禪宗。②

可見禪宗在佛學研究中的重要地位。在近世禪宗一支的研究里，胡適堪謂俊彦，他旅歐時在大英博物館及法國國立圖書館發現了不少敦煌文書，由是先後研究發表了《菩提達摩考》《白居易時代的禪宗世系》等早期禪史論文，其"研究與發現不僅引起當時教内學界的軒然大波，且一定程度上影響了整個二十世紀禪宗研究的思路與格局"③。1953 年，胡適在與日本學者鈴木大拙的辯論交鋒中提出："只有把禪宗放在歷史的確當地位中，才能確當了解。"④ 顯然，要正確認識地道而本土的中國禪宗，胡適的方法是妥當可行的，因爲只有把禪宗置放在歷史的確當地位中，才能真正揭示其本來面目，從而全面正確定位禪宗在中國的歷史地位，至於禪宗溢出歷史和時間的玄言義理，參禪講道則可，純然用於研究則有待斟酌。

所以，基於將禪宗放在歷史的確當地位中進行研究的思路，作爲禪

---

① 湯用彤：《隋唐佛教史稿》，武漢：武漢大學出版社，2008 年版，第 2 頁。

② 張曼濤：《唯識學概論》，見《現代佛教學術叢刊》第二十三册，臺北：臺灣大乘文化出版社，1978 年版，第 1 頁。

③ 參見馮國棟《〈景德傳燈録〉研究》之"引言"，復旦大學博士學位論文，2004 年。

④ 按：與胡適爭鋒相對，鈴木提出了"禪是超越歷史和時間的"。二者之論文分别是胡適的《禪宗在中國——它的歷史和方法》和鈴木的《禪，答胡適博士》，此二文共同刊載於美國夏威夷大學《東西哲學》（*Philosophy East and West*）第 3 卷第 1 期。

門亮麗名片之燈録同樣需要回歸歷史。本書《唐宋禪宗燈録研究》正是試圖從唐宋禪宗燈録的發展流布史實出發，著力探索燈録對這一時期社會各階層的影響及其自身的演變，以期能够對禪宗燈録的歷史地位與價值有一個細緻而全新的認識，或可有助於禪宗史之研究。

二、研究現狀

關於唐宋禪宗燈録的研究著實不少，大體上可以分爲以下三種。

其一，對燈録内容或材料本身的研究。包括燈録所記載之法統、方言俚語、語法詞性、詩偈軼文及文本校勘注釋等。唐宋燈録所記之内容包羅萬象、豐富無窮，其中法統的書寫可以用來考述禪宗的發展歷史，方言俚語、語法詞性都是研究中古時期白話文的重要材料，於唐宋時期的語言及社會學研究有莫大的幫助，而像燈録中保存的諸多詩歌又可以作爲唐宋正統文學之外的補充，如此等等。唐宋燈録已被研究者作爲資料寶庫加以利用。王書慶等人的《〈歷代法寶記〉所見達摩祖衣傳承考辨》①、李文生的《論中國佛教禪宗定祖之争》②、杜門城的《敦煌本〈歷代法寶記〉的傳衣説及其價值》③、陳士強的《〈傳法寶紀〉鈎沉》④等主要專注於早期燈史的法統研究。梁銀峰的《〈祖堂集〉介詞研究》⑤、詹績左的《〈祖堂集〉詞語研究》⑥、王閏吉的《〈祖堂集〉語言問題研究》⑦、祖生利的《〈景德傳燈録〉中的聯合式復音詞》⑧、袁賓的《〈五

---

① 王書慶等：《〈歷代法寶記〉所見達摩祖衣傳承考辨》，載於《語言研究輯刊》，2009 年第 6 輯，第 196～346 頁。

② 李文生：《論中國佛教禪宗定祖之争》，載於《敦煌研究》，2008 年第 3 期，第 86～92 頁。

③ 杜門城：《敦煌本〈歷代法寶記〉的傳衣説及其價值》，載於《社科縱横》，1993 年第 5 期，第 14～18 頁。

④ 陳士強：《〈傳法寶紀〉鈎沉》，載於《法音》，1989 年第 7 期，第 33～35 頁。

⑤ 梁銀峰：《〈祖堂集〉介詞研究》，載於《語言研究輯刊》，2009 年第 6 輯，第 196～346 頁。

⑥ 詹績左：《〈祖堂集〉詞語研究》，上海師範大學博士學位論文，2006 年。

⑦ 王閏吉：《〈祖堂集〉語言問題研究》，上海師範大學博士學位論文，2010 年。

⑧ 祖生利：《〈景德傳燈録〉中的聯合式復音詞》，載於《古漢語研究》，2002 年第 3 期，第 58～63 頁。

燈會元〉詞語續釋》①、闞緒良的《〈五燈會元〉虛詞研究》②、邱震强的《〈五燈會元〉釋詞二則》③等則於唐宋燈錄的語言詞彙、詞性句式等方面用力甚深。詩偈軼文的研究亦是燈錄研究的一個重點,諸如張靖龍的《〈景德傳燈錄〉中的唐五代佚詩考》④、陳尚君的《全唐詩續拾》⑤之卷四十五、陳躍東等人的《〈祖堂集〉及其輯佚》⑥、詹續左的《〈祖堂集〉的文獻學價值》⑦及日本學者椎名宏雄的《〈寶林傳〉逸文研究》⑧等都從唐宋燈錄中拾掇輯佚了大量詩文,對燈錄的深入研究和正統文學的補正都是有益的填充。文本校勘從來都是研究燈錄文獻的基礎,故不斷有校注作品問世,孫昌武等點校的《祖堂集》⑨、張美蘭的《〈祖堂集〉校注》⑩、朱俊紅點校的《聯燈會要》⑪、蘇淵雷點校的《五燈會元》⑫等皆為此方面研究的專著。文本的校讀札記成果亦豐,如張美蘭的《高麗海印寺海東新開印版〈祖堂集〉校讀札記》⑬、陳家春等人的《〈景德傳燈

① 袁賓:《〈五燈會元〉詞語續釋》,載於《語言研究》,1987 年第 2 期,第 125～134 頁。

② 闞緒良:《〈五燈會元〉虛詞研究》,浙江大學博士學位論文,2003 年。

③ 邱震强:《〈五燈會元〉釋詞二則》,載於《中國語文》,2007 年第 1 期,第 68～71 頁。

④ 張靖龍:《〈景德傳燈錄〉中的唐五代佚詩考》,載於《溫州師範學報》(社會科學版),1987 年第 1 期,第 50～56 頁。

⑤ 參見《全唐詩補編》中華書局,1992 年版。此書據《祖堂集》和《傳燈錄》輯錄 3 首詩歌,收入《全唐詩補編》。

⑥ 陳躍東等:《〈祖堂集〉及其輯佚》,載於《文獻》季刊,2001 年第 1 期,第 91～104 頁。

⑦ 詹續左:《〈祖堂集〉的文獻學價值》,載於《古籍整理研究學刊》,2009 年第 3 期,第 11～18 頁。

⑧ 〔日〕椎名宏雄:《〈寶林傳〉逸文研究》,載於駒澤大學《佛教學部論文集》第十一號,第 234～257 頁。

⑨ 參見孫昌武,〔日〕衣川賢次,〔日〕西口芳男點校:《祖堂集》,北京:中華書局,2007 年版。

⑩ 參見張美蘭點校:《〈祖堂集〉校注》,北京:商務印書館,2009 年版。

⑪ 參見朱俊紅點校:《聯燈會要》,海口:海南出版社,2010 年版。

⑫ 參見蘇淵雷點校:《五燈會元》,北京:中華書局,1997 年重印本。

⑬ 張美蘭:《高麗海印寺海東新開印版〈祖堂集〉校讀札記》,載於《古漢語研究》,2001 年第 3 期,第 79～84 頁。

錄〉點校獻疑》①、喬立智的《〈五燈會元〉點校疑誤舉例》②、劉凱鳴的
《〈五燈會元〉補校》③等。

其二，與燈錄文本之外的相關信息研究。此一研究涵蓋了唐宋燈錄
作者、版本、流傳史、文獻價值、禪學思想、歷史特徵、目錄著述、文
人參究等眾多文本之外的相關信息。宮炳成的《〈楞伽師資記〉作者淨
覺禪師考》④、王書慶的《〈傳法寶記〉的作者及其禪學思想》⑤、田中良
昭的《〈聖冑集〉的歷史特徵》⑥、馮國棟的《〈景德傳燈錄〉宋元刊本
叙錄》⑦、馬格俠的《俄藏黑城出土寫本〈景德傳燈錄〉年代考》⑧、馮
國棟的《〈五燈會元〉版本與流傳》⑨都是此方面研究的成果，柳田聖山
的《初期禪宗史書の研究》⑩對唐早期燈史有詳細的討論，石井修道的
《宋代禪宗史の研究》⑪之第一章“《景德傳燈錄》の歷史性格”亦重點
關注了《景德傳燈錄》的歷史特徵。

其三，綜合性研究。與前兩種相比，此種研究較少，涉及燈錄的諸
多方面，或法統、語言，或版本文獻、思想價值等，全面和系統是其總

①　陳家春等：《〈景德傳燈錄〉點校獻疑》，載於《暨南學報》（哲學社會科學
版），2013 年第 12 期，第 99～104 頁。

②　喬立智：《〈五燈會元〉點校疑誤舉例》，載於《宗教學研究》，2012 年第 1 期，
第 139～142 頁。

③　劉凱鳴：《〈五燈會元〉補校》，載於《文獻》，1992 年第 1 期，第 170～174
頁。

④　宮炳成：《〈楞伽師資記〉作者淨覺禪師考》，載於《敦煌研究》，2006 年第 2
期，第 55～58 頁。

⑤　王書慶：《〈傳法寶記〉的作者及其禪學思想》，載於《敦煌研究》，2006 年第 5
期，第 99～102 頁。

⑥　［日］田中良昭：《〈聖冑集〉的歷史特徵》，載於駒澤大學《佛教學部研究紀
要》第六十號，第 31～52 頁。

⑦　馮國棟：《〈景德傳燈錄〉宋元刊本叙錄》，載於《文獻》季刊，2006 年第 1
期，第 113～122 頁。

⑧　馬格俠：《俄藏黑城出土寫本〈景德傳燈錄〉年代考》，載於《敦煌學輯刊》，
2005 年第 2 期，第 249～252 頁。

⑨　馮國棟：《〈五燈會元〉版本與流傳》，載於《佛教研究》，2004 年第 4 期，第
89～91 頁。

⑩　參見［日］柳田聖山：《初期禪宗史書の研究》，法藏館，1967 年 5 月。

⑪　參見［日］石井修道：《宋代禪宗史の研究》，東京：大東出版社，1987 年版。

體特點，大有"寶刀一出，誰與爭鋒"之氣勢。如譚偉的《〈祖堂集〉文獻語言研究》①，馮國棟的《〈景德傳燈録〉研究》②，黃俊銓的《禪宗典籍〈五燈會元〉研究》③都對某一部燈録作了全面而系統的研究。另外楊曾文的《唐五代禪宗史》④第九章也對《祖堂集》《寶林傳》等禪宗燈録的編撰、流傳、版本等情況有全面的介紹。

總之，如上所言，禪宗爲近世佛教研究的重鎮，故而作爲禪門亮麗名片的燈録，其研究成果可稱得上是百舸爭流、蔚爲大觀，尤其是隨著20世紀敦煌文獻的出土，早期燈録研究邁入了一個新的階段，進一步推動了禪宗燈録及禪宗史的深入研究。然深究其中，不難發現，近世的研究主要是集中在早期禪宗燈史，唐之後的燈録雖迭出，但研究集中於《祖堂集》《景德傳燈録》《五燈會元》等幾部燈録上，諸如《建中靖國續燈録》《天聖廣燈録》等一大批燈録之研究較爲罕見，綜合性的研究更是鳳毛麟角。不僅如此，儘管"燈録"是被時時提及、引用和研究的文體，但至今學術界尚未有把燈録作爲一種獨立的體裁納入禪宗史的研究，更沒有對唐宋燈録進行斷代及重點考察，此則爲筆者撰述本書之緣由。

三、研究方法

一是歷史學之研究方法。如上所言，本書嘗試著將燈録作爲一種獨立的體裁納入禪宗史的研究，細緻地探討禪宗燈録從草創到發展再到興盛的歷程。一方面，分析燈録法統、內容在歷史變遷中的書寫情況，找出這種書寫背後的動機和意義。另一方面，把燈録置於唐宋時代背景之中，探索燈録與目録文獻、正統文人等的聯繫，審視唐宋燈録在禪宗史上的價值和地位。

二是文獻學之研究方法。文獻研究是治學的基石，在本書的探討中，文獻學研究方法貫通全篇。在前述眾多文獻成果的基礎上，本書通

① 參見譚偉：《〈祖堂集〉文獻語言研究》，成都：巴蜀書社，2005 年版。
② 馮國棟：《〈景德傳燈録〉研究》，復旦大學博士學位論文，2004 年。
③ 黃俊銓：《禪宗典籍〈五燈會元〉研究》，復旦大學博士學位論文，2007 年。
④ 參見楊曾文：《唐五代禪宗史》，北京：中國社會科學出版社，1999 年版。

過對《楞伽師資記》《祖堂集》《景德傳燈録》《天聖廣燈録》《五燈會元》等唐宋燈録文獻之法統、内容書寫進行對比梳理，從前後法系和文字的異同里窺見燈録之發展流布。同時，考察唐宋燈録在官修、史志、私修等目録中的著述情況，了解其在當時的傳播與被接受情況，並對流傳至今的諸燈録作系統説明和總結。

　　三是宗教文學之研究方法。長期以來，宗教多被排斥於文學之外，得不到應有的重視。其實，禪宗和尚們立足民間農産，用地道的方言俗語參禪説道，加之宗教的神秘外衣，使這些充滿機鋒和神話色彩的言語事迹有著極强的文學性，此一點在禪宗燈録中就有很好的體現。燈録記載中，譬喻、擬人、借代、對偶、藏詞等修辭格隨處可見，叙事手法之高妙不時讓人嘆服。所以，本書嘗試對唐宋燈録進行文學性分析，此即爲宗教文學的研究方法。

7

第一章 概　述

　　燈録，以字面而論，即爲“燈”之“録”，本言釋家傳燈法系之記載，後發展成爲一種獨特的禪宗文體，與語録、僧傳、公案等被共同認爲是釋家文獻文體的亮麗名片。職是之故，本章將概述燈録的相關情況：首先區分“燈”與“燈録”，釐定“燈録”的確切定義；其次分析燈録文體的成因、來源及特點；最後對燈録、僧傳、語録、公案等進行對比和梳理。

第一節　“燈”與“燈録”

一、“燈”

　　“燈”的主要義項[①]有：

　　◎照明的器具。也指某些其他用途的發光、發熱裝置。如：電燈；酒精燈。《集韻·登韻》：“鐙，《説文》：‘錠也。’徐鉉曰：‘錠中置燭，故曰之燈。’或從火。”《論衡·程材》：“日之照幽，不須燈燭。”唐杜甫《大雲寺贊公房四首》之三：“燈影照無睡，心清聞妙香。”《封神演義》第四回：“思州驛内怪風驚，蘇護提鞭撲滅燈。”

---

　　① 漢語大字典編輯委員會、四川辭書出版社編纂：《漢語大字典》，成都：四川辭書出版社；武漢：湖北辭書出版社，1988 年版，第 3 卷，第 2238 頁右欄、2239 頁左欄。

◎特指元宵節張掛的燈彩。《玉篇·火部》："燈，燈火也。"《舊唐書·中宗紀》："丙寅上元夜，帝與皇后微行觀燈。"清孔尚任《桃花扇·選優》："萬一誤了燈節，豈不可惱。"

◎燈能照明，佛教因以燈比喻佛法。唐劉禹錫《送僧元暠南遊》："傳燈已悟無爲理，濡露猶懷罔極情。"《五燈會元·南嶽下十四世五祖演禪師法嗣》："以後燈燈相續，祖祖相傳，迄至於今，綿綿不墜。"

《説文解字》中"燈"作"鐙"，其曰："鐙，錠也，從金，登聲。"① 又《漢語大字典》引《正字通·金部》："鐙，亦作燈，俗作燈。"② 從"金"而觀"燈"之本義當爲"照明器具"，此義沿用至今，"佛法"則爲其引申義。

二、"録"

"録"的字形演變情況在《漢語大字典》③中被歸納爲：

錄〔録〕

說文·金部　　漢印　　隸·公羊·成元年

　金乖 曹全碑

《説文》："録，金色也，从金，录聲。"
(一)⑩《廣韻》力玉切，入燭來。屋部。

其第一個義項爲：

金色，青黃之間。《説文·金部》："録，金色也。"段玉裁注：

---

① ［清］段玉裁：《説文解字注》，杭州：浙江古籍出版社，2007 年版，第 705 頁上、下欄。
② 《漢語大字典》，1989 年版，第 6 卷，第 4260 頁右欄。
③ 《漢語大字典》，1989 年版，第 6 卷，第 4225 頁右欄。

"録與緑同音。金色，在青黄之間也。"①

《說文解字》將"録"釋爲一種介於青黄之間的金色。又"録"之簡化字"录"在《漢語大字典》裏的解釋爲：

"录"同"彖"。《玉篇·录部》："录，刻不也。"按：《説文》作"彖"，今爲"録"的簡化字。②

"録"本義爲金色，"記載""謄寫"等當爲其引申義，而"彖"之本義爲"刻木"，後亦發展爲包含"記録"之義，是故二字之本義並不相同，應區分開來。

此外，"録"亦作"録"，二者皆是"录"之繁體字。《説文解字》作"録"③，無"録"字，唐宋名家書法字中多作"録"，《辭源》"録""録"二字混用④，《辭海》⑤和《漢語大字典》⑥均作"録"，不收"録"字，大抵初爲"録"，後由於書畫、刻寫方便和規範演變爲"録"，並出現二字同用的情況，本書統一寫作"録"字。

三、燈録及其定義

"燈"和"録"二者並無本質關聯。將"燈"與"録"合稱，始自趙宋道原所撰《景德傳燈録》，這也是第一部直接以"燈録"命名的禪宗文獻，此後，燈録便作爲禪宗的一種代表性文體流傳發展，影響至今。但是，與"燈録"核心意義相同的"傳燈"之稱在唐净覺撰的《楞伽師資記》中便有記載，其文曰：

---

① 《漢語大字典》，1989 年版，第 6 卷，第 4226 頁左欄。
② 《漢語大字典》，1987 年版，第 2 卷，第 960 頁右欄。
③ 《説文解字注》，第 703 頁上欄。
④ 辭源修訂組、商務印書館編輯部編：《辭源》，北京：商務印書館，1988 年版，第 3198 頁。
⑤ 辭海編輯委員會：《辭海》，上海：上海辭書出版社，2000 年版，第 4885 頁。
⑥ 《漢語大字典》，1989 年版，第 6 卷，第 4225 頁右欄。

自宋朝以來，大德禪師，代代相承。起自宋求那跋陀羅三藏，歷代傳燈，至於唐朝總八代。得道獲果，有二十四人也。①

净覺是玄賾的弟子，玄賾師從弘忍，故净覺所撰《楞伽師資記》爲禪宗北宗法脉八代傳法機緣的記載。儘管《楞伽師資記》並没有以"燈録"著稱，但其包含了"傳燈"這一核心義項，亦屬燈録之列。因而，燈録文獻研究的目標定位至少應早於《楞伽師資記》之前的禪宗文獻。

由此觀之，我們在定義"燈録"文體時需把握兩個重要元素：一是有傳法機緣記載，二是屬於禪宗文獻。此二者缺一不可。《佛光大辭典》對燈録有簡潔而明確的定義，姑且采用之：

　　燈録，又稱傳燈録，指記載禪宗歷代傳法機緣之著作。燈或傳燈，意謂以法傳人，如燈火相傳，輾轉不絕。②

在這個定義的基礎上，需要稍加補充的是，禪宗講求"不立文字，以心傳心"，故其所傳法之燈爲"心燈"，以心印心，傳遞佛法之光明。同時，一部燈録所記載的燈燈相傳、連綿不絕的傳法世系反映的是佛祖心燈的歷史，從某種程度上説便是禪宗的歷史。因此，我們不妨將"燈録"擴展定義爲：燈録，即傳燈録，又稱燈史，匯集了禪宗歷代祖師傳法機緣之記載，是禪宗燈録化的歷史。燈或傳燈，意謂以心傳心，法脉相承，如燈火相傳，輾轉不絕。

四、"燈"與"燈録"

燈録記載的核心就是"傳燈"之"燈"，然"燈"與"燈録"却相去甚遠。認清"燈""燈録"的内涵和外延，無疑對我們研究禪宗燈録有重要作用。

"燈"的本義爲照明的工具，因其能猶如佛法之廣布一樣在黑暗中

---

　　① 《楞伽師資記》卷一，《大正新修大藏經》第 85 册，第 1290 頁上欄。
　　② 星雲法師監修、慈怡法師主編：《佛光大辭典》，北京：北京圖書館出版社，據臺灣佛光山出版社 1989 年第五版影印，第 7 册，第 6260 頁。

照明破暗，故引申爲“佛法”。“燈”的梵語是 dǐpa，音譯爲“你播”，也即“燈明”，爲六種供具之一。佛教既以燈能如佛法照明破暗，那麼燈之外延便很寬廣，不限於一宗一派，凡是佛家佛法的傳遞和延續都可稱作“燈”或“傳燈”，故而無論是三論宗、法相宗，還是在中國本土發展起來的天台宗，禪宗的傳法皆可稱爲“傳燈”。從這一點來講，“燈”是一個廣義的概念，爲各宗派所通用，“實物之燈”和“佛法之燈”於佛教各宗派有重要的意義。

當“燈”與“録”二字合用時，雖然其核心意義仍是“燈”，但是“燈録”已經有了特殊的内涵，此時“燈録”一詞不爲佛教各宗派所共用，而是單指記載禪宗一派的傳法文獻，成爲禪宗的獨家標簽。這種情況自《景德傳燈録》便正式確立。景德元年（1004），法眼宗僧人道原將《景德傳燈録》呈送朝廷，宋真宗敕命翰林學士楊億等人裁定，共修訂成書三十卷。楊億自序云：

> 自非啓投針之玄趣，馳激電之迅機，開示妙明之真心，祖述苦空之深理，即何以契傳燈之喻，施刮膜之功？若乃但述感應之徵符，專叙参游之轍迹，此已標於僧史。亦奚取於禪詮？聊存世系之名，庶紀師承之自然而舊録所載。①

由此可見，《景德傳燈録》已經區別於僧傳，楊億等有意識地將“燈録”確定爲一種體裁，並認爲其以記載歷代禪師傳法啓悟的機語爲主。同時，楊億等做了大量的文字潤色和史實訂正工作，加之官修禪書的光芒，使得《景德傳燈録》廣泛流傳，在佛教界引起巨大的震動。“燈録”自此成爲禪宗的文體之一，是禪宗記載歷代祖師傳法機緣的獨家標簽。

因此，概括來説，“燈”與“燈録”的内涵基本相同，都喻指佛法及其傳遞，但“燈録”的外延比“燈”小得多，是禪宗文體之一種。

---

① 《景德傳燈録》卷一《景德傳燈録序》，《大正新修大藏經》第 51 册，第 196 頁下欄。

第二節　燈録的成因、來源及文體特點

燈録萌芽於南北朝時期，正式出現於禪宗興起之後，五代時期出現了我國現存最完整的燈録作品《祖堂集》，其問世具有里程碑式的意義。後燈録之作歷代相傳，不斷發展，至宋代臻於極盛，出現了著名的《景德傳燈録》《天聖廣燈録》《建中靖國續燈録》《聯燈會要》《嘉泰普燈録》五部燈録，同時，《五燈會元》撮“五燈”之精要，删繁就簡，成爲宋代燈録的集大成者。明、清之際，燈録作品更是層出不窮，《五燈嚴統》《續傳燈録》《居士分燈録》《五燈全書》《續指月録》《佛祖宗派世譜》等便是其中的代表。以上便是“燈録”在中國發展之大略。

一、燈録的成因

佛教作爲一種外來文化，要想在中土扎下深根，就面臨著一個不斷“中國化”的過程。佛教“中國化”主要是通過兩方面來完成的：其一，調整内部教義，與儒、道思想相契合，以獲得信衆；其二，取得統治階級的認可，發展宗派，力爭正統。此兩方面缺一不可。禪宗便是在這個“中國化”的過程中產生發展起來的，燈録作爲禪宗獨有的文體之一，其形成自然就孕育在佛教“中國化”的進程之中，孕育在禪宗的發展之中。

（一）内部原因

燈録形成的内部原因來源於禪宗發展的持續推動力。禪宗講求“不立文字”“見性成佛”，破除對經典和文字的執迷，是故早期禪宗很少有本門派的經典流傳，我們所熟知的由達摩至弘忍五代皆爲口耳授受、以心傳心，並無典籍傳世，但長遠來看，這種傳承方式不利於宗門的流傳發展，因此禪門需要有記録其傳法歷史、祖師言行等的文字，燈録和語録的出現正好適應了此種需求。燈録記載的傳法世系就是禪宗傳法的歷史，爲來者銘記，其語言機鋒則爲禪門僧者提供修行的“方便”，也吸引了更多的信衆。禪宗發展的史實表明，唐宋以後燈録之興盛有力地助推了禪門的進一步發展和壯大。

（二）外部原因

政治和宗派鬥争是推動燈録形成的兩大外因。無論是禪宗還是佛門中的其他宗派，要想發展立足都需要獲得統治集團的信任和支持，這是任何一個宗派所面臨的任務。一方面，禪宗需要標明傳法世次，證明來自正統血脉，以得到統治階級的扶持。另一方面，在各個宗派的相互鬥争中，禪宗亦要堅守正統地位，以免慘遭排斥和邊緣化。歷史上，惠能門下之南宗神會和北宗神秀法系弟子有激烈的正統論争，但安史之亂後，神會等憑藉剃度僧人聚香水錢的辦法爲朝廷籌措軍需的功勞，最終得到朝廷的重視和扶持，隨後不久《歷代法寶記》《寶林傳》等尊奉南宗的燈録作品相繼問世，惠能之南宗聲譽日盛，而北宗却淡出無聞。從這個事實中可以看出禪門內部爲争正統、求生存付出的努力，同時亦能明白正統地位和統治者的扶持於宗門的重要影響。因而，歷史的經驗讓禪門認識到，各派要想争取到統治階級的支持，在宗派鬥争中占得先機，就必須要有一種能標明自身正宗法統的利器，毫無疑問，燈録就充當了這個强大的武器和法寶。

二、燈録文體的來源

燈録具有禪宗史書的性質，在中土的發展中自然受到世俗史學發達的深刻影響。中國是一個史學極盛的國度，歷代都設置了專門記録和編撰歷史的史官，後代亦延續了修史的傳統，民間也有修家譜、族譜的習俗。《吕氏春秋·先識》云：

> 夏太史令終古出其圖法，執而泣之。夏桀迷惑，暴亂愈甚，太史令終古乃出奔如商。湯喜而告諸侯曰："夏王無道，暴虐百姓，窮其父兄，耻其功臣，輕其賢良，弃義聽讒，衆庶感怨，守法之臣，自歸於商。"①

由此可見，至少在夏代就有了史官和相關記載。不但如此，史官之

---

① 徐維遹撰，梁運華整理：《吕氏春秋集釋》，北京：中華書局，2009年版，第395～396頁。

屬還有記言、記事的區分，《禮記·玉藻》篇："（天子）動則左史書之，言則右史書之。"①《漢書·藝文志》更有明確的表述："左史記言，右史記事，事爲《春秋》，言爲《尚書》，帝王靡不同之。"② 且不論左、右史記言、記事具體之區分，上至朝廷，下達鄉野，皆有重視記載歷史的傳統，這種傳統也就爲禪宗燈録文體的創製提供了借鑒。如果我們對燈録進行解構，那麼記載歷代祖師傳法世次和生平事迹屬於記事之篇，而記録祖師言語機鋒則屬於記言之章。燈録具有記載禪宗歷史的特點，故又可以稱作"燈史"。因此，從文體大方向來講，燈録來源於對中土固有發達史學的借鑒和學習。

具體到内容發展的變化，燈録文體前後期又表現出不同的特徵。大致以《祖堂集》爲分界，前期燈録多側重於梳理和楷定祖師的傳法世次，到後期則發展爲傳法世次和機鋒言語並重。在前期的法統楷定中，《付法藏因緣傳》《達摩多羅禪經》《薩婆多部記》等載有傳法内容之文獻就成爲燈録編訂的直接來源，而後期《祖堂集》《景德傳燈録》等在前期法統基礎之上參照祖圖、碑銘和各家語録等而成，像祖圖一類的資料不僅有祖師頭像的流傳，還有傳法文字的記載，直接爲後期燈録提供了充足的史料來源。

三、燈録的特點

作爲一種獨特的禪宗文體，燈録有其突出的文體特點，表現如下：

（一）宗派性

燈録的特點首先表現爲宗派性。與僧傳等文體不同，燈録把記録的焦點局限於禪門一脉，雖偶也涉及儒家甚至道教人物，但主體都是記述禪宗歷代祖師的傳法和言語事迹。燈録之撰寫者也多是禪門僧人或者信禪之士，如編寫《楞伽師資記》的净覺，編撰《祖堂集》的静、筠二禪師，還有撰述《景德傳燈録》的法眼宗僧人道原等，這些僧者有其本身

---

① ［漢］鄭玄注，［唐］孔穎達疏，龔抗雲整理，王文錦審定：《禮記正義》，北京：北京大學出版社，2000 年版，第 1022 頁。

② ［漢］班固撰，［唐］顏師古注：《漢書》，第 6 册，北京：中華書局，1962 年版，第 1715 頁。

之宗門屬性，因而在書中爲本宗門宣傳彰法。如《傳法寶紀》所見載之僧者依次爲達摩—惠可—僧璨—道信—弘忍—法如—神秀，一眼便知這七人悉爲禪門高僧，由此燈録就獨舉禪宗法脉之大旗，與記天台、華嚴等宗派的釋書截然不同。不僅如此，即使是禪門内部；燈録的記載亦有明顯的宗派區分，《歷代法寶記》和《景德傳燈録》都是如此。《歷代法寶記》撰者爲保唐派僧人，是故其記載的傳法世系除西天二十九祖和中土六祖之外，幾乎全部集中在净眾、保唐一系的智詵、處寂、無相、無住之生平與法系。作爲法眼宗弟子，道原在撰述《景德傳燈録》時常常宣傳本門派的思想，此書各個章節的話頭幾乎都是出於法眼宗内傳承的記録，且二十七卷的後半部分《諸方雜舉徵拈代別語》也被法眼宗占據了①，爲此，石井修道還統計了各宗派著語出現的頻率：

> 在總數爲八十七次的著語中，接著玄沙師備（3 次）後，法眼宗的法眼文益（23 次），天台德韶（2 次），法燈泰欽（11 次），歸宗義柔（14 次），玄覺行言（8 次），雲居清錫（3 次），五雲志逢（5 次），東禪道齊（7 次），共計七十三次。②

統計結果表明《景德傳燈録》儘管廣録各宗，却於法眼宗僧人有極大的偏向，燈録文體之宗派性顯露無遺。

隨著禪宗各大派系的發展，經由歷代禪師的不斷改寫、加工，燈録逐漸成爲系統性的書寫，但無論何時，無論哪一部燈録，都把燈録之宗派性特徵發揮得淋漓盡緻。

（二）歷史性

燈録的特點又表現爲歷史性。作爲燈録文體的經緯，傳法世次和機鋒言語都是禪宗歷史發展的重要組成部分，有禪宗史書記載之性質，因而燈録也常被稱作"燈史"。柳田聖山在《初期禪宗史書的研究》中就

---

① 參閱［日］石井修道：《宋代禪宗史の研究》第一章 "《景德傳燈録》の歷史性格"，東京：大東出版社，1987 年版。

② ［日］石井修道：《宋代禪宗史の特色——以宋代燈史の系譜爲綫索》，見《中國禪學》第三卷，北京：中華書局，2004 年版，第 179 頁。

曾指出：“所謂燈史，是以達摩系統的禪的師資相承之系譜爲中心，集錄了歷代祖師的機緣問答、上堂示衆等内容的文獻資料。”① 透過柳田聖山對燈史的定義，至少可以從燈録記載傳法世系和機鋒語言的基本内容裏洞見其歷史特性。一方面，世系的傳承本身就訴説了禪宗是如何代代相傳、綿延至今的；另一方面，每一位禪師的簡略事迹和言行記載清晰地勾勒了僧者的歷史形象。且舉一例，當我們閱讀完《祖堂集·丹霞和尚》②時，丹霞禪師如何弃官學佛、如何先參馬祖後禮拜石頭希遷、有何悟道因緣、有何交友論佛事迹、作得何種詩偈等一系列問題的答案便迎刃而解，歷史上一個豪邁不羈、慧根聰穎的丹霞形象也就鮮明地呈現出來。所以，無論是在傳法世系上還是言語事迹，燈録都有豐富的歷史記載，後人通過這些歷史記載便可以瞭解禪宗歷代法統的傳承和思想演变，還原祖師的生平，並走進禪僧們引人啓迪的話頭言語，在一定程度上撩開禪宗歷史的神秘面紗。

（三）文學性

燈録的特點還表現爲文學性。許多禪宗的高僧大德如庞蕴、清涼文益、丹霞和尚等，本身就是飽學之士，因而其流傳下來的詩偈文采斐然，堪稱传统文化中的瑰寶，具有極高的文學價值。此外，燈録記載的祖師機鋒言語中保存了當時大量的俚俗方言，爲後世從語言、文字等方面展開研究提供了豐富可信的文學史料。

第三節　燈録與語録、僧傳和公案

瞭解燈録文體的來源和特點之後，我們不妨將燈録同與之有關聯的僧傳、語録和公案進行對比。燈録與僧傳、語録、公案等都是佛教常見的文體，它們之間既相互區别又多有聯繫。四種文體中，最早産生的是僧傳，其次是語録和燈録，最後是公案。僧傳著重記載高僧生平事迹，以記事爲主，兼及言語；語録則專録某一僧者日常言語，搜集成册，故

① ［日］柳田聖山：《初期禪宗史書的研究》，法藏館，1967 年 5 月，第 11 頁。
② 參閱孫昌武等點校本《祖堂集》卷四《丹霞和尚》篇，北京：中華書局，2007 年版，第 209~222 頁。

對話語句是記述的主體；燈錄多匯集祖師語錄，尤其是帶有機鋒的問答，是語錄的一種發展變體；公案則是將祖師的語言、事迹經典化，供僧者參悟學習。同時，僧傳兼記各宗派，凡是於佛教有貢獻的高僧一並錄入，相對煩雜，語錄、燈錄和公案主要是記錄禪宗一派，當然也混雜了儒家甚至道教人物。下面就詳細論述燈錄與僧傳、語錄及公案的區別和聯繫。

一、燈錄與僧傳

僧傳是記載古往今來對中國佛教有貢獻的僧人傳記的總稱。僧傳産生較早，現存僧傳最早可追溯到東晉沙門釋法顯自記遊歷天竺之事所作的《法顯傳》，又名《歷遊天竺記傳》《佛國記》等，是書大約成於義熙十二年（416），屬於僧傳中專記某一僧者的別傳。而後釋寶唱所撰《名僧傳》《比丘尼傳》有重要之影響，到梁慧皎著《高僧傳》以後，其分類方式和寫作形式便持續影響後世，成爲總傳的典範，著名的《續高僧傳》《宋高僧傳》《大明高僧傳》《新續高僧傳四集》等都是循此發展而來的。此外，類傳中的《神僧傳》《禪林僧寶傳》《南宋元明僧寶傳》亦有相當之影響。

燈錄與僧傳有顯著之區別。對此，陳垣曾有中肯的論斷：

> 燈錄爲記言體，與僧傳之記行不同……燈錄又爲譜錄體，按世次記載，與僧傳之傳記體不同。且僧傳不限於一科，燈錄則只限於禪宗。①

因此，燈錄和僧傳的區別至少可概括出三點。首先，僧傳是記行文體，雖間有記言，但以記行爲主，於僧者的生平事迹著墨甚多，而燈錄則是一種記言體，尤重於禪師證悟過程和教導弟子中帶機鋒的言語。在這一點上燈錄與語錄很相似，當然燈錄記言之外亦有關於僧傳生平事迹的簡潔記錄，然而只是其中微小的一部分。其次，僧傳爲"傳記體"，以記高僧行事爲主，然燈錄爲"譜錄體"，以歷代祖師的傳法世系爲串

---

① 陳垣：《中國佛教史籍概論》，上海：上海書店出版社，2005 年版，第 73 頁。

聯紐帶，故而燈録的記載更有系統性。最後，僧傳包羅廣布，不以宗派爲苑囿，涉及三論宗、天台宗、法相宗、華嚴宗等各大宗派，凡是於佛教有貢獻的僧人皆一並録入，燈録則只限於禪宗一派，這是二者的一個重要區分點。同時，燈録標舉禪宗旗幟、力争本宗法統和擴大宗派影響的動機，使得燈録中存在編造法統、篡改史實等情況，這自然就降低了其内容的可信度，而僧傳廣集各派僧者言行事迹，没有宗派的範圍局限，因此其記載的内容相對真實可信，這一點也值得關注，關於燈録編造法統、篡改史實等情況，將在第三章詳細論述。

二、燈録與語録

語録是與燈録關係最爲密切的一種文體。語録爲“禪宗祖師説法開示之記録書。禪師平日説法開示，並不藻飾華詞，大多以通常俗語直説宗旨，其侍者與參隨弟子予以記録，蒐集成册，即稱語録”①。語録體之來源可上溯至先秦時期之《战國策》《國語》，二者皆爲記言之作，可以稱爲廣義上的語録。後孔門弟子所輯之《論語》、孟氏後學收録之《孟子》問答兼具，已經具備語録的實質，因此語録體並不獨用於禪林，中土歷來有之，宋代大儒講學，門人弟子記其言，亦稱語録。狹義上的語録則指始於唐代的禪門高僧語録，《百丈懷海禪師語録》《雪峰義存禪師語録》《龐居士語録》等就屬此類。語録之中又可分爲詳細記録祖師法語之廣録、僅記載重要部分者之語要、僅集一人法語之别集和集多人法語之通集。大致自晚唐、五代始，語録體發展迅速、形式多樣、紛繁複雜，各禪宗各宗派都有語録問世，語録成爲佛家中流傳最多、最廣的文獻。錢大昕在《十駕齋養新録》中談到語録時總結道：

> 佛書初入中國曰經、曰律、曰記，無所謂語録也。達摩西來，自稱教外别傳，直指心印，數傳以後，其徒日衆，而語録興焉，支離鄙俚之言，奉爲鴻寶。並佛所説之經典亦束之高閣……釋子之語

---

① 星雲法師監修、慈怡法師主編：《佛光大辭典》，第6册，北京：北京圖書館出版社，據臺灣佛光山出版社1989年第五版影印，第5916頁。

録始於唐，儒家之語録始於宋。①

語録體的大量出現，使得依附於譯籍與經典的傳統義學黯然失色。這些語録經過後人的加工、補充、整理，逐步完善和系統化，出現了像《古尊宿語録》這樣的集大成作品，形成了自身的特點。李壯鷹在《談談禪宗語録》②一文中概括了語録的特點：一是師生問答，二是多用俚俗的土語方言，三是語帶機鋒。因爲語録體是記載師生之間的問答，多用當時的地方言語，且禪師在簡短有啓發性的言語中引導弟子開悟，故而有以上三個特徵。而與語録關係密切的燈録體同樣兼具師生問答、語言俚俗、語帶機鋒三個特徵，因爲燈録的編寫很多就是直接對語録的整理、加工、潤色、改編。因此許多學者就直接把燈録歸爲語録的一種，這雖然有一定的道理，但欠妥當，一個重要的原因就是燈録除保留了上述三個特徵外，還重點記載了某一宗派歷代祖師的傳法世系，這是語録所不具備的。同時，語録多記述某一個或幾個祖師的言語，所記對象有一定的限制，時間和空間亦有局限，燈録則是歷代禪師的言語集成，記載的對象不局限於某一個或幾個禪師，時間和空間跨度也很大。此外，經過楊億等官方文人對《景德傳燈録》的潤色、修改，《影響傳燈録》產生了廣泛而巨大的影響，此後燈録儼然成爲一種新的佛教文體，與語録截然分開，並爲時人所接受。

概而言之，燈録和語録是密切聯繫的兩種佛教文體，甚至有學者指出“燈録相當於按世系宗派編排的語録總集”③。燈録撮掇並發展了語録中的俚俗和帶機鋒的語言，保存了當時大量的方言土語，具有極高的文學、歷史和社會學價值。但二者又互相區別，燈録對歷代祖師傳法世系的記載、對禪宗歷史的縱向書寫以及對當時和後世產生的廣發影響，使其與語録截然區分開來。

---

① ［清］錢大昕：《十駕齋養新録》，上海：上海書店出版社，1983 年版，第 422 頁。

② 李壯鷹：《談談禪宗語録》，載於《北京師範大學學報》（社會科學版），1998 年第 1 期，第 65 頁。

③ 周裕鍇：《禪宗語言》，杭州：浙江人民出版社，1999 年版，第 110～111 頁。

三、燈録與公案

何謂公案？學界或解釋曰：

> 本義爲官府中判決是非之案例。禪宗將歷代高僧之言行記録下來，作爲坐禪者之指示，久之亦成爲一種思考之對象，或修行坐禪者之座右銘。此種言行録一如政府之正式布告，尊嚴不可侵犯，又可啓發思想，供人研究，並作爲後代依憑之法式，故稱公案。①

由上可知，禪門將祖師有代表性的言行記録經典化，並作爲參究之對象，形成公案。公案之風倡於唐而盛於宋，前後經歷了比較大的變化，從對古人言行的闡釋，到公案集的編撰、拈古、頌古等，"話頭"逐漸發展爲"公案"。禪宗自謂"以心傳心""不立文字""教外別傳"，但在實踐中却必須依賴文字以作爲修行的"方便"，因此，自唐以來就有很多禪宗典籍如《楞伽經》《六祖壇經》《金剛經》等，一度成爲禪門修行的必備法門。此外，還流傳有大量關於禪師言行記載的禪史文獻，"語録"和"燈録"就是其中的代表。然而語録與燈録等禪史文獻主要還在於全面記述禪師的生平事迹和傳法世系，不便於後學集中閱讀祖師們的言行，特別是其中深邃的機鋒和悟道因緣。與此同時，禪宗不重文字的宗風就使得他們必須尋找另外一種方式作爲參禪的對象和方便，在這種情況下，公案便應運而生，被各宗派重視，成爲僧人修行的首選。語録和燈録中記載禪師的言行往往就直接成爲禪宗公案集編寫的史料來源，正如有學者所言：

> 禪宗自稱"不立文字""教外別傳"，然而從唐代始，禪門各宗就傳誦著許多祖師言行和内省經驗，後來陸續記載在各類語録和燈録中。如風幡、立雪、柏樹子、西來意、拈花微笑、當頭棒喝等，

---

① 星雲法師監修、慈怡法師主編：《佛光大辭典》，第 2 册，北京：北京圖書館出版社，據臺灣佛光山出版社 1989 年第 5 版影印，第 1314 頁。

均膾炙人口。①

當然，像"風幡""立雪"這樣的祖師故事在燈録等禪宗文獻中被不斷地書寫和改編，使得公案呈現出典範性、固定性、系統性、獨立性和完整性等特徵。從不利方面來講，這種書寫和改編自然降低了史料的可信度，因此公案幾乎淡化了歷史性的一面，但也正是這種典範創造，讓公案成爲一種獨特的禪宗文體，在禪宗内部掀起一股新的參禪之風，產生了巨大的影響。

簡而言之，燈録和公案既有區别又有聯繫。一方面，它們都是禪宗的獨有文體，是禪宗中國化的結晶，不爲其他宗派所涵蓋。同時，燈録和公案都著重關注祖師們的言語和機鋒，公案有很大一部分史料來源於燈録，此亦爲二者之間的聯繫處。另一方面，燈録側重記載傳法世系，公案則無。而且公案對燈録中的材料進行了大量改編，使其簡潔而典型，於參悟修行頗具啓發性。關於燈録對公案的影響，筆者將在第五章中進一步論述。

---

① 中國佛教文化研究所：《俗語佛源》，上海：上海人民出版社，1993 年版，第61 頁。

第二章　唐宋燈録的發展和流布

　　禪門之燈録萌芽於南北朝時期，但到唐初才有了實際的開始和發展，在此之前的漫長時期則是燈録的準備階段。既然燈録只屬於禪宗一脉之文體，那麼燈録文體的産生自然是在禪宗成立之後，因此禪宗成立的時間就成爲我們梳理燈録發展史的前提。四祖道信和五祖弘忍聚衆山居，倡導勞作以解决生活之需，將坐禪與務農相結合，"坐""作"并重，從而達到在自力更生的基礎上修行解脱。這種山居禪學和坐作并重的思想是對達摩以來的禪法的突破與發展，成爲中國禪宗的真正起點。

　　在重新審視和界定禪宗的成立之後，燈録發展的歷史脉絡也就清晰起來。自禪宗成立到唐末五代之前，是燈録的形成發展時期；五代分裂動亂的幾十年爲燈録的成熟定型期，具體到文獻作品則以《祖堂集》爲代表；到了兩宋，燈録的發展進入興盛期，出現了以《景德傳燈録》爲範例的"五燈"；在宋代之後的元、明、清諸朝，燈録仍在繼續發展，但基本没有跳出"五燈"的框架和内容。由此可見，研究禪宗燈録就應該把重點放在從唐至兩宋的這一段時期，只有在這一個廣闊的時期内深入考察影響燈録發展的諸因素，弄清燈録發展的情況，廓清時人對燈録的重視與著録，方可對唐五代兩宋的燈録有全面、正確的認識。

第一節　禪宗成立的界定

　　關於禪宗成立的年代，學界歷來看法不一，尚無共識。大體來講，有以菩提達摩、道信和弘忍、慧能、神會作爲禪宗開始的四種觀點。這

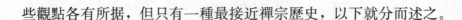

些觀點各有所据，但只有一種最接近禪宗歷史，以下就分而述之。

一、菩提達摩説

　　菩提達摩，南印度僧人，出生於婆羅門種姓家庭。大約劉宋（420—478）末年，達摩渡海來到中國的南方弘法，後輾轉渡江北上，在北魏地區傳授禪法。其禪法理論主要是"藉教悟宗"，以《楞伽經》爲重，堅持如來藏自性清净心的思想，從而達到"無自無他，凡聖第一""與道冥符，寂然無爲"的禪境。菩提達摩爲中國禪宗公認的東土初祖，因而中國古代禪宗史書把他作爲禪宗開始的標志，雖然對其來華的具體時間存在争論，但其在北魏之時到達嵩洛一帶是可以确信的。

　　顯然，菩提達摩爲禪宗開始説存在諸多疑點。一方面，達摩並不是一開始就被作爲東土初祖的，其定祖的過程是在後世逐漸確立的。在北宗所奉經典《楞伽師資記》中，達摩被列爲禪宗二世，初祖則是求那跋陀羅，其後杜胐根據碑文《唐中嶽沙門釋法如禪師行狀》等以菩提達摩來中國傳法爲始修訂《傳法寶紀》一書，剔除了《楞伽經》的譯者劉宋求那跋陀羅，確立了從達摩到神秀的傳法世系。南宗興盛後，神會提出十三代祖統説，在中土則以菩提達摩爲初祖，後雖作爲西天傳承的世系有所變化，如《寶林傳》《祖堂集》等定其爲二十八世，但達摩作爲中土初祖的説法基本成爲定論，各宗派只是在弘忍之下的定祖中持續存在争議。故而菩提達摩被公認爲禪宗初祖是一個逐漸演變的過程，是爲了法統的争執和安排，與禪宗的確立並不是同步的。另一方面，關於達摩的名稱、家鄉、一葦渡江、與梁武帝問答、去世等許多生平事迹都存在不明朗和雜入傳説的成分。拿其名稱來講，菩提達摩簡稱達摩，在傳説中與達摩多羅或達磨多羅混雜，後改寫爲達磨，成爲禪門的定論。印順認爲達摩名稱的遞變"可説是以新譯來改正舊譯。然從傳寫的變化來看，表示了南方禪的興盛，勝過了北方，南方傳説成爲禪門定論"①。有關達摩的早期傳記中，楊衒之的《洛陽伽藍記》、曇林的《略辨大乘入道四行及序》和道宣的《續高僧傳》是現存比較可靠的資料，三書的作者與達摩同時或相去不遠，又無作偽之動機，應該是可信的，但三書

---

　　① 釋印順：《中國禪宗史》，湘潭：湘潭大學出版社，2011年版，第2頁。

所記資料有限，無法勾勒出後世所呈現的一個生動傳神的達摩形象。而在《續高僧傳》之後晚出的諸多禪宗文獻雜入了很多神話傳説，不可盡信，難以充分佐證達摩爲禪宗締造者。此外，更重要的是達摩之時，禪宗成立的條件尚未成熟，禪宗義理亦未得到細緻的闡釋，還没有形成有特色的宗派組織，是故達摩在此種條件下締造禪宗是令人難以信服的。

總之，在菩提達摩時尚未具備禪宗發展之基本條件，同時達摩的生平事迹又竄入大量的异説，附會了諸多故事和神話，就此幾點而論，達摩作爲中國禪宗開始的説法是無法站住腳的。

二、道信和弘忍説

道信（580—651），俗姓司馬，蘄州廣濟（湖北廣濟）人，後世僧史把他列爲僧璨弟子。道信在蘄州黄梅西北的雙峰山傳禪授徒三十餘年，故又稱“雙峰道信”，其門徒眾多，以弘忍爲首。弘忍（602—675），俗姓周，其先尋陽（今江西九江）人，生於黄梅，七歲奉法道信，得其心傳，後東遷馮墓山（一説馮茂山）發揚禪法，因而又稱“東山弘忍”。經過道信和弘忍師徒的努力，禪門在定居坐作、禪農結合的基礎上發展成爲信徒龐大、自立自强、獨具風格的宗派團體，後世將道信、弘忍的禪法統稱爲“東山法門”。

道信和弘忍説符合禪宗歷史發展的真實。道信和弘忍之時，禪宗的發展條件已經成熟，經過南北朝的動蕩，北方流民紛紛南下，成爲禪宗的預備成員，保證了信眾的數量，隋唐初年政局的穩定又爲禪宗發展提供了保障。達摩禪法的後嗣逐漸認識到禪學作爲一個宗派的任務迫在眉睫。東山法門的出現適應了這種推動力，將禪法從學派發展爲宗派或教派。關於學派和教派的不同，湯用彤在《隋唐佛教史稿》一書中作了細緻的區分：

蓋與中國佛教宗派有關，於漢文資料中所稱爲“宗”者，有二含義：一指宗旨之宗，即指學説或學派。如中國僧人對印度般若佛學之各種不同解釋，遂有所謂“六家七宗”，此所謂“宗”者，即家也，如“儒家”“道家”之“家”。……一指教派，即有創始人、有傳授者、有信徒、有教義、有教規之宗教團體，如隋唐時之天台宗、禪宗、三階教等。此皆宗教之派別，蓋所謂"宗"者指此。隋唐以前中國佛教主要表現爲學派之分歧，隋唐以後，各派爭道統之風漸盛，乃有各種教派之競起。①

道信於雙峰山時，其禪法便影響四方，"諸州學道無遠不至。……於時山中五百餘人，並諸州道俗"②。道信門下五百餘人，且定居山中三十載，在禪宗歷史上這是一個史無前例的事件，改變了達摩以來禪僧居無定所、行遊四方的修持方法，這種生活方式的轉變具有重大意義，也是禪宗中國化的顯著標志，"道信作爲最著名的定居創造者，其吸引力不止於當時的'諸州'，而且影響於禪宗以後的發展，至大至久"③。至弘忍，禪宗在組織規模上進一步擴大，聚集的僧眾多達七百人。弘忍還在道信的基礎上發展了山居禪學，很好地解決了僧人的生活所需，有學者甚至認爲："弘忍的文化水準不高，他之所以能成爲禪眾公認的領袖，主要由於他在解決禪眾生活方面出色的才能。"④ 弘忍還對道信"一行三昧""作""坐"禪法等方便有進一步的發揮，使得"東山法門"最終確立。

總之，作爲一個宗派應有之創始人、傳授者、信徒、教義和教規等要素，禪宗發展至道信和弘忍的東山法門時皆已具備，且弘忍之後南北分燈的現象也得到了很好的解釋，因此，道信和弘忍爲禪宗開始說無疑是中肯妥帖的。

三、慧能說

慧能（638—713）被奉爲禪宗第六祖，俗姓盧，祖籍范陽（今河北涿州）人，因其父謫官而移居嶺南新州（今廣東新興縣）。慧能大約於咸亨年間（670—674）以行者身份在黃梅弘忍處行學修禪。後得弘忍之

---

① 湯用彤：《隋唐佛教史稿》，武漢：武漢大學出版社，2008年版，第189頁。

② 《續高僧傳》卷二十《道信傳》，《大正新修大藏經》第50冊，第606頁中欄。

③ 杜繼文、魏道儒：《中國禪宗通史》，南京：江蘇古籍出版社，1993年版，第66頁。

④ 杜繼文、魏道儒：《中國禪宗通史》，南京：江蘇古籍出版社，1993年版，第68頁。

衣法便回歸嶺南，隱居數十年。慧能後來常住韶州曹溪寶林寺，傳法授徒，並終老於曹溪。有《壇經》存世。《壇經》爲慧能弟子將其説法、傳禪事迹整理而成，成爲"唯一被稱爲'經'的中國僧人著作"①。慧能禪法不假文字，"自見本心，自成佛道"②爲其口號，求得徹底自悟，又提出"無念""無相""無住"三條禪法總綱，即"我此法門，從上已來，先立無念爲宗，無相爲體，無住爲本"③。慧能是南宗的開創者，其禪法對後世産生了巨大而深刻的影響，使得"今布天下，凡言禪皆本曹溪"④，是中國禪宗史上的一次重大轉折。直至今日，我們所言之禪亦基本是慧能一脉之南宗禪，南宗禪實際成爲禪宗的同義代詞。所以，慧能爲中國禪宗開始之説備受推崇。⑤

　　慧能説至少有兩點值得商榷。其一，與達摩相類，慧能的生平事蹟同樣雜入了諸多異説，其已經被宗派信衆塑造爲一個理想化的領袖形象。我們很難把美化過的慧能與一個"不識文字"、以行者身份求學、身前僅影響一方的嶺南僧人聯繫起來，這種被炮製的理想化形象只是南宗戰勝北宗的手段之一，投射出的是整個宗派群體的意志。正如有學者指出的那樣：

　　　　禪宗史傳所重視的，不在於慧能是一個真實的歷史人物，而在於他是本宗信衆的代表和領袖，他的形象必須符合這些信衆的心態，從而使其典型化和理想化。因此，我們在探討慧能其人時，就不能把他看成是單純的孤立的個人，首先應該看到在著意刻畫他、塑造他的背後的那些宗派群體。⑥

　　因而，慧能爲南宗開創者是毫無疑問的，但將這樣一個美化過的慧

① 魏道儒：《宋代禪宗文化》，鄭州：中州古籍出版社，1993年版，第14頁。
② 丁福保：《六祖壇經箋注》，臺北：新文豐出版公司，1984年版，第214頁。
③ 丁福保：《六祖壇經箋注》，臺北：新文豐出版公司，1984年版，第90頁。
④ ［唐］柳宗元：《大鑒禪師碑》，見《全唐文》卷五八三。
⑤ 持此觀點者以任繼愈等爲代表。
⑥ 杜繼文、魏道儒：《中國禪宗通史》，南京：江蘇古籍出版社，1993年版，第133頁。

能作爲中國禪宗的締造者是不妥當的。其二，南北宗同出弘忍一源，其分燈只是體現了各自對佛法的不同理解，然二者禪法的本質是相通的。設若以南宗慧能爲禪宗開始，那麼在此之前的禪法和與南宗並行的北宗禪就得不到合理的解釋。道信、弘忍之時業已形成了影響全國的龐大僧團，完全具備了宗派的教義和性質，我們不可能對此視而不見。同時，慧能之南宗開始僅在南方一隅流行，安史之亂後經由神會等人的努力纔影響全國，而以神秀和普寂爲代表的北宗曾長期在長安、洛陽二京等廣大北方地區盛行，還得到了統治集團的扶持。北宗的盛行是禪宗無法抹去的歷史史實，以慧能爲禪宗開始的説法自然就抹殺了這種歷史，所以"慧能説"是有待商榷的。

四、神會説

神會（668—760），俗姓高，湖北襄陽人，荷澤宗之祖。他早年曾追隨神秀修習禪法，後轉投曹溪慧能門下，深得其賞識。慧能入滅後，神會便開始了參訪四方、跋涉千里的旅途，其後半生的奔波皆旨在弘六祖禪法，爲慧能一系爭得禪宗正統地位。在慧能示寂後的二十年間，南宗頓悟之風沉廢，爲北宗所淹没，由是"兩京之間，皆宗神秀"①。爲扭轉頹風，神會於開元二十年（732）左右，在滑臺大云寺設立無遮大會，公然指責神秀、普寂一系，認定慧能的思想保存了菩提達摩禪學的精髓，慧能才是弘忍真正的繼承者。由此，南北兩派掀起了激烈的鬥爭。安史之亂後，憑藉剃度僧人聚香水錢的辦法爲朝廷籌措軍需的功勞，神會得到朝廷的重視和扶持，貞元十二年（796），唐德宗"敕皇太子集諸禪師，楷定禪門宗旨，遂立神會禪師爲第七祖"②。由是南宗戰勝北宗，獲得了禪宗的正統地位。神會通過與北宗論戰並借助政治勢力爲南宗爭得正統，使慧能之南宗禪真正得到彰顯，故被一些學者認爲是禪宗的實際開創者。

神會説的漏洞是顯而易見的。神會一生雖然致力於弘揚南宗、爭得

---

① ［宋］贊寧撰，范祥雍點校：《宋高僧傳》，北京：中華書局，1987 年版，第 179 頁。

② 《圓覺經大疏釋義鈔》卷三之下，《卍新纂續藏經》第 9 册，第 532 頁中欄。

正統，爲南宗的彰顯立下汗馬功勞，但是他在宗派的教義和理論上是承接慧能而來的，並沒有什麼新的突破和發展，其發展的荷澤一系也是攬慧能之遺風，揚南宗之佛法，是對禪宗的承接。與前述原因相似，道信、弘忍之時禪宗作爲一個宗派的建制已經成熟，且在南宗的影響擴散前，神秀的北宗在以兩京爲中心的北方地區大行其道，一度受到朝廷重視，這種同爲達摩至弘忍一系禪法的南北並行現象我們不能忽視。故而，神會作爲南宗荷澤一系的不祧之祖是毋庸置疑的，而爲禪宗之開始實屬不妥。

由此觀之，禪宗的正式形成實始於道信和弘忍。無論是從有無創始人、傳授者、信徒，還是從有無教義、教規，禪宗到道信和弘忍之時作爲一個嚴格意義上的宗教團體已經名副其實，這種界定比較符合禪宗的歷史真實。

第二節　唐宋燈録發展史

釋家之燈録萌芽於南北朝，形成於唐，發展於五代，在兩宋達到極盛，兩宋之後光芒漸失，儘管元、明、清有諸多燈録問世，甚至還出現了像《五燈全書》這樣的集大成燈録作品，但續寫者基本限於宋代之燈録範式。因此，唐宋時期的禪宗燈録值得深入挖掘和探討。若暫時拋開元、明、清之燈録，把唐宋燈録作爲一個整體來看，那麼我們不妨根據燈録自身的演變和發展情況將其分爲三個階段：草創期、發展期、繁盛期。

一、草創期

道信、弘忍黃梅禪系的確立，標志著禪宗的正式形成，這對於禪門來講是具有里程碑意義的大事件。五祖弘忍門下又出現了以法如、老安爲核心的嵩山禪系，以神秀、玄賾爲代表的京師禪系，以智詵爲旗幟的四川禪系和以慧能爲翹首的南宗嶺南禪系，這種禪門内部的分燈一方面反映了對禪的理解的分化，另一方面也是禪宗影響擴大的具體顯現。從道信、弘忍創立東山法門到開元二十年（732）神會與北宗滑臺論戰，是爲燈録的草創期，這一時期主要有兩部禪宗燈録，即《楞伽師資記》

和《傳法寶紀》。

《楞伽師資記》爲唐淨覺撰，記錄了從初祖求那跋陀羅到神秀門下普寂、義福等北宗一脈的傳法，是對早期禪宗楞伽禪派的系統闡釋和總結。撰者淨覺爲玄賾的弟子、弘忍之再傳弟子，此書是在其師玄賾《楞伽人法志》的基礎上撰寫而成的。《楞伽師資記》之名源於重視《楞伽經》並歷代相傳的北宗傳統，與之後南宗特重的《金剛經》相比，推重此經儼然成爲北宗的一個顯著特點。道宣《續高僧傳》卷十六《僧可傳》云：

> 初，達摩禪師以四卷《楞伽》授可曰："我觀漢地，惟有此經，仁者依行，自得度世。可專附玄理，如前所陳。"①

從達摩授慧可四卷本《楞伽經》開始，此經便歷代相傳，至神秀門下普寂等共八代二十四人的傳承，《楞伽經》所提倡的諸如心性思想指導坐禪修行等要論被達摩及其門下繼承和發展，足見此經對北宗的重要性。《楞伽師資記》按照傳法的世系編排，逐次講述了八代闡釋的傳法和悟道因緣，因以《楞伽經》爲重，故《楞伽經》之譯者劉宋求那跋陀羅也就被奉爲此派之初祖，這與之後燈錄皆以菩提達摩爲初祖的傳法記載是迥然不同的。同時，在《楞伽師資記》中，對祖師的言語説詞多有記載，師徒間的對話亦被廣泛輯錄，如記五祖弘忍與弟子的問答：

> 又問："學道何故不向城邑聚落，要在山居。"答曰："大廈之材，本出幽谷，不向人間有也，以遠離人故。不被刀斧損斫，一一長成大物，後乃堪爲棟梁之用。故知栖神幽谷，遠避囂塵，養性山中，長辭俗事，目前無物，心自安寧。從此道樹花開，禪林果出也。"②

弘忍與弟子的問答比喻貼切，言辭豐富，是典型的記言之詞。諸如

---

① 《續高僧傳》卷十六《僧可傳》，第 551 頁下欄。
② 《楞伽師資記》卷一《唐朝蘄州雙峰山幽居寺大師》，第 1289 頁中欄。

弘忍之例在《楞伽師資記》裏還有不少。由此，從專注禪宗傳法世系的記載和祖師言語機鋒的記載等層面來看，燈錄的特點已經大體形成。因而，可以斷言《楞伽師資記》爲我國現存最早的禪宗燈錄，同時亦是早期重要的禪宗史書。

唐杜朏《傳法寶紀》是早期禪宗史書之一，同樣是記載禪宗北宗傳法世系的著作。此書記載了從菩提達摩到神秀七代的傳法，與《楞伽師資記》相比，《傳法寶紀》剔除了初祖求那跋陀羅，而以菩提達摩爲先，改"僧粲"爲"僧璨"，並將法如置於弘忍之後、神秀之前。綜觀《傳法寶紀》全書，篇幅簡短，序言和傳法世系的記載幾乎占了全篇，後之附文多殘缺不清。然而，在簡潔的文辭中，傳法世系的記載已然具備，附文中亦有對慧可等禪師的傳法機緣和言語的記載：

> 唯道昱、慧可宿心潛會，精竭求之。師□六年，志取通晤。大師當從容謂曰："爾能爲法捨身命不？惠可斷其臂以驗誠懇（案餘傳云：被賊斫臂盖是一時謬傳耳），自後始密以方便開發，便開發皆師資。"①

儘管《傳法寶紀》只記載了樸素的法統和精短的言語，但燈錄的特點已然具備。

《楞伽師資記》和《傳法寶紀》成書時間相去不遠，却都記述了從菩提達摩到神秀及其弟子的禪法傳承事迹，是北宗禪史的珍貴記載。此二書在傳法世系和記言的層面上都基本具備了燈錄體的風格和特點，是燈錄草創期的兩部遺珠。從中也可以看出草創期燈錄的基本特點有二：一是專記禪宗北宗一脉；二是篇幅短小，所記法統樸素，言語精簡。

草創期燈錄皆專記北宗傳法情形與禪宗的歷史發展密切相關，從側面反映了早期禪宗的發展概況，即北宗作爲禪宗的代表盛行。自道信、弘忍確立禪宗以來，禪宗逐漸在全國傳播，但其影響主要還是局限在湖北等今日所稱中部地區。弘忍示寂後，東山法門的影響未因此衰減，這就要歸功於弘忍門下眾多出色的弟子：

---

① 《傳法寶紀》卷一，《大正新修大藏經》第 85 册，第 1291 頁下欄。

如吾一生，教人無數，好者並亡，後傳吾道者，只可十耳。我與神秀，論《楞伽》，玄理通快，必多利益。資州智詵、白松山劉主簿，兼有文性。莘州惠藏、隨州玄約，憶不見之。嵩山老安，深有道行。潞州法如、韶州惠能、揚州高麗僧智德，此並堪爲人師，但一方人物。越州義方，仍便講說。又語玄賾曰："汝之兼行，善自保愛。吾涅槃後，汝與神秀，當以佛日再暉，心燈重照。"①

此爲弘忍離逝前對玄賾所講，由淨覺在《楞伽師資記》中對玄賾《楞伽人法志》的稱引基礎而來，當屬可靠之論。弘忍禪師之眾弟子弘法四方，影響進一步擴散，而被弘忍寄予厚望的神秀和玄賾後來也如其師法願，將東山禪法發揚光大並成爲北宗的重要代表，由此揭開了禪宗走向全國成爲有重要影響力宗派的新篇章，以至於兩京之間，唯神秀獨尊。在中土重視史學和師承的大環境下，爲朝廷所扶持的北宗宗派意識漸顯，催生了僧人著述禪宗史書的熱情，宗門弟子以此爲己任，宣教立法，《楞伽師資記》和《傳法寶紀》等早期禪宗史書應運而生，基本具備了燈錄文體的典型特點，成爲禪宗燈錄草創時代之力作。

二、發展期

自開元二十年（732）神會與北宗滑臺論戰始，迄五代顯德七年（960）后周滅亡，是爲禪宗燈錄的發展期。此一時期釋家燈錄順應禪宗之迅速發展需要，作品甚夥，《歷代法寶記》《寶林傳》《圣胄集》《續寶林傳》《祖堂集》等皆是其中的代表。

滑臺論戰對禪宗來講是一次有重大影響的歷史事件，開創了禪宗發展的新局面。開元二十年（732），神會高舉南宗慧能的大旗，在滑臺大雲寺設立無遮大會，公然向北宗發起挑戰，極力論證了慧能得祖傳袈裟爲禪宗正統，且南宗頓悟禪門優於北宗漸悟禪門。論戰的大要被神會弟子獨孤沛收錄在《菩提達摩南宗定是非論》中，此書也成爲南宗對抗北宗的理論武器，滑臺論戰後，南宗之影響逐漸擴大，對北宗產生了巨大

---

① 《楞伽師資記》卷一《唐朝蘄州雙峰山幽居寺大師》，第 1289 中欄。

的沖擊，是爲禪宗發展的轉折點。當然，滑臺論戰後南宗並没有立即取得壓倒性的勝利，且不久後神會又因朝廷中盧奕等人的彈劾被放逐，南宗禪遭到打擊，但隨之而來的"安史之亂"成爲南宗禪發展的新契機，神會憑藉在佛門的聲望爲慌亂中的朝廷籌措了軍餉物資，建立了巨大的功勳，由此得到了統治階層的褒獎和扶持，謚號"真宗大師"，塔號"般若"，並被定爲禪宗七祖。據宗密《禪門師資承襲圖》記載：

> 德宗皇帝貞元十二年（796），敕皇太子集諸禪師，楷定禪門宗旨，搜求傳法傍正，遂有敕下。立荷澤大師爲第七祖，内神龍寺見有銘記。又御製七代祖師贊文，見行於世。[1]

皇帝敕令荷澤神會爲七祖，實際上就承認了六祖慧能的地位，表明南宗得到統治階層的支持，名正言順地成爲禪門法脈正統，此後北宗式微，南宗大顯，禪宗的發展進入一個新的階段，燈錄也緊跟禪宗的步伐邁入新的階段，即"南宗燈錄"階段。

"南宗燈錄"階段的第一部燈錄作品就是約成書於唐大曆九年（774）的《歷代法寶記》。此書作者不詳，然據書末所記《大曆保唐寺和上傳頓悟大乘禪門——門人寫真贊文並序》一文，以及對無住禪師的著墨最多來看，可知本書當系無住的門人所編。無住，即保唐無住，因居成都保唐寺首開本宗而名。此宗上承五祖弘忍、資州智詵、處寂、無相等諸師，以無相之"三句"、荷澤神會之"三學"爲基礎，獨樹一幟，在川蜀一帶弘法並盛行。單就地理位置來講，四川地區屬於南方，且該宗承認從達摩到慧能的傳法世系並受到神會之影響，因此歸入南宗亦可，但是，此宗亦有其特殊之處，在傳法世系上雖然承認慧能得弘忍袈裟法信，却又炮製出袈裟在武則天時被詔送回朝廷而授於智詵，經處寂、無相，傳於無住，以此證明保唐禪派的法脈正統性。因而保唐宗一直被看成南、北二宗之外的獨立禪派。然而，從實際來看，保唐宗亦是南方禪派之一，同時，書中所記從大迦葉到達摩的西天二十九祖説之行

---

[1] 《中華傳心地禪門師資承襲圖》卷一，《卍新纂續藏經》第 63 册，第 31 頁中欄。

事，在禪宗史書中爲最早出，與南宗的法脉書寫和傳承大體相似。總之，《歷代法寶記》是"南宗燈録"時期的初出之作，因僅記保唐一派，亦可看作南方禪法在蜀地的變體，爲發展期的一部重要燈録作品。

南宗的馬祖法系和石頭法系二支在唐後期發展迅速，成爲禪宗的主流。隨著其佛法的深入傳播和影響的不斷擴大，南宗二法系在晚唐五代進入興盛時期，先後出現了曹洞、潙仰、雲門、臨濟、法眼五家宗派，這種宗派的分支是禪宗高度發展的必然結果。各個宗派雖同源於慧能禪法，但門庭設施、接引弟子方式等有不同的法門和風格，各派都極力爭奪佛門法脉的正統，這就對燈録的發展提出了更迫切的要求。唐貞元十七年（801），朱陵沙門智炬編撰《寶林傳》十卷，成爲第一部全面記述南宗傳法的燈録作品，書名中之"寶林"即韶州曹溪寶林寺，爲六祖慧能宣揚禪法的道場，以寶林爲傳名可知作者意在彰明慧能門下之法統。《寶林傳》存在的文字粗俗、年序混亂、造僞拙劣等問題爲諸家所詬病，如北宋契嵩在《傳法正宗論》卷上就批評"若《寶林傳》者，文字鄙俗，序致繁亂，不類學者著書"，又說"錯誤差舛，殆不可按"①。然《寶林傳》出世后一直大受歡迎，到宋代仍有很大的影響，至元代才逐漸式微。更爲重要的是，《寶林傳》開啓了南宗燈録的新時代，尤其是它楷定的從大迦葉到菩提達摩二十八祖傳法世系爲後世所認可，被《祖堂集》《景德傳燈録》等燈史直接繼承，同時，書中的眾多"佛祖傳法偈"也成爲來者燈録或其他禪宗文獻的主要資料來源。正如楊曾文在《唐五代禪宗史》中所指出的：

> 對於《寶林傳》在中國禪宗史上的意義，中日兩國學者都作了充分了估價，特別指出《寶林傳》所編造的西天二十八祖傳承世系、"佛祖傳法偈"及"識偈"等，幾乎爲後來所有禪宗燈史《祖堂集》《景德傳燈録》等繼承，並且被應用到歷代禪宗禪師的傳法之中，也通過各種渠道傳到社會各階層之中，影響是很廣泛的。②

---

① 《傳法正宗論》卷一，《大正新修大藏經》第 51 册，第 773 頁下欄。
② 楊曾文：《唐五代禪宗史》，北京：中國社會科學出版社，1999 年版，第 591 頁。

作爲南宗傳法記述的開山之作，《寶林傳》在禪宗史上有著非凡的意義，絕不能因其存在史料駁雜、造僞拙劣等缺陷而被全盤抹殺。

承《寶林傳》之餘緒，燈録日漸繁多，先後出現了《圣胄集》《續寶林傳》等燈史作品。《圣胄集》即《玄門圣胄集》，爲華山玄偉纂於唐昭宗光化年間（898—900），該書以《寶林傳》西天二十八祖和東土六祖世系説、祖師事迹、傳法偈頌等爲基礎，並增編《寶林傳》問世之後至光化二年（899）之間的禪宗祖師事迹和語録，共計五卷。惜此書問世不久便亡佚，然從其他的目録等文獻來看，《圣胄集》所記歷代祖師的傳法機緣和偈頌等與《寶林傳》頗爲相同，至於是書到底記載了哪些禪師的傳記和語録，因資料的匱乏已無從考證。受《寶林傳》影響的另一部燈録作品是《續寶林傳》，題爲南嶽惟勁編撰。南嶽惟勁得法於石頭希遷法系的雪峰義存，《祖堂集》卷十一、《景德傳燈録》卷十九均有傳，在南嶽般舟道場傳法，於五代後梁開平年間（907—910）編撰《續寶林傳》四卷，另有《南嶽高僧傳》和《防邪論》等流傳於世。《佛祖歷代通載》卷九云：

開平南嶽三生藏惟勁頭陀，又録光化以後出世宗匠機緣。亦以祖偈爲由，集成《續寶林傳》。[1]

由此可推測《續寶林傳》是承接《寶林傳》之燈録，在内容上又增加了光化之後的著名禪師的事迹和語要。其所言"以祖偈爲由"，概指記録了傳法世系和傳法詩偈的書寫框架。然此書早佚，無從得證。從他書簡短的描述和書目直白的文意傳遞中可知，《續寶林傳》爲《寶林傳》和《圣胄集》之後記録南宗傳法的又一燈録作品，在燈録的發展期應有一席之地。

五代時期問世的《祖堂集》法系完整、結構龐大、史料豐富，成爲具有里程碑意義的南宗燈録作品，給燈録史增添了濃墨重彩的一筆。《祖堂集》爲泉州招慶寺静、筠二禪師編撰於五代南唐保大十年（952），總計二十卷。静、筠二禪師同出雪峰法系，故其對石頭、雪峰門下的禪

---

① 《佛祖歷代通載》卷九，《大正新修大藏經》第 49 册，第 551 頁上欄。

師所記頗詳並將其置於馬祖禪系之前。《祖堂集》繼承了《寶林傳》的祖統傳法世系，記載了從過去七佛至大迦葉到菩提達摩的西天二十八祖，一直到三十三祖（即東土六祖）慧能以及慧能下青原行思、南嶽懷讓門下的諸禪師傳法機緣。該書編撰之時，除法眼宗尚未完全確立外，其餘四宗業已形成，各自弘法情況在書中有詳略不同的記載，因此是書可以作爲研究四家宗派的重要史料。同時，由於書中保留了大量的口語、異體字、文化風俗等，亦被當作研究當時歷史、文化、語言等的珍貴材料。

從《歷代法寶記》到《寶林傳》《圣胄集》《續寶林傳》，再到《祖堂集》，禪宗燈録經歷了一個急速的發展演變過程，無論是篇章規模，還是内容的豐富完整程度，都有了极大的進步。由《寶林傳》始，禪宗正式開啓了南宗燈録獨盛的階段，燈録之作的遞相出現也爲中國禪宗的歷史演變添上了有力的注脚，從而爲宋代燈録的繁盛打下了堅實的基礎。

三、繁盛期

兩宋是禪宗燈録發展的繁盛期，出現了著名的《景德傳燈録》《天聖廣燈録》《建中靖國續燈録》《聯燈會要》《嘉泰普燈録》"五燈"以及合"五燈"爲一的《五燈會元》。燈録的高度發展主要受惠於兩宋政治環境的支持和禪宗各派系的遞相發展。經歷了唐武宗和後周世宗的兩次滅佛事件，加之唐末五代長期的社會動亂，佛教許多宗派遭到極大的打压，相繼衰落或滅亡，唯有禪宗和天台宗保存了一定的实力，其中又以禪宗爲最。兩宋時期，統治階層對佛家采取相對寬鬆的政策，同時文人士大夫對禪宗喜愛有加，因此禪宗等得到了充分的發展。禪宗自唐末五代五家宗派迅速崛起之後，便產生了廣泛的社會影響，到宋初，五家之爲仰系已不傳，而興起最晚的法眼宗在北宋初年的幾十年内盛行，稍後臨濟和雲門二宗在北宋前中期大行其道，臨濟又分爲黃龍、楊岐兩派，自此禪宗五家七宗正式形成。從北宋後期到整個南宋，雲門宗和臨濟宗下的黃龍派漸趨衰落，而之前一直沉寂的曹洞宗和楊岐派成爲禪宗的主流。以上便是禪宗五家七宗在兩宋發展的大略，兩宋禪宗發展階段分期源於魏道儒在《宋代禪宗文化》中所提的觀點：

　　宋代禪宗發展大致可以劃爲兩個階段。第一階段爲北宋前中期，大約相當於從宋太祖到宋哲宗統治時期（960—1100）。第二階段是從北宋徽宗開始，包括整個南宋（1100—1279）。①

　　禪宗發展的分期與燈録興盛的軌迹大致趨同，故采而納之。兩宋燈録的發展是基於禪宗宗派的發展和政治的扶持，因此各個時期盛傳的燈録基本都與當時盛行的宗派禪僧密不可分。北宋初年，五家宗派形成最晚且流傳時間亦最短的法眼宗異常盛行，伴隨此宗的興盛，後學弟子僧人道原所進之《景德傳燈録》在禪史上留下了濃墨重彩的一筆，掀起了禪宗燈録在兩宋發展的新高潮。

　　宋真宗景德元年（1004），法眼宗僧人道原向朝廷呈送了《景德傳燈録》一書，真宗命楊億等人裁定，後經過一年多時間修訂成三十卷，入藏流通。由此，"燈録體"以官修的形式最終確立，《景德傳燈録》也成爲第一部官修禪書和第一部官修燈録。其實，在五代時已出現《祖堂集》，燈録的體制已經基本確立，規模亦與《景德傳燈録》相當。然《景德傳燈録》問世後，經過楊億等著名文人的努力，對其文字辭藻進行了很好的修飾，使其變得句意流暢，可讀性强。同時，對史實錯訛的更正以及以記載機緣語句爲主的内容讓《景德傳燈録》成爲一種區别於僧傳和語録等文體的新範式，引發了競相傳抄、研習的新浪潮，在僧、俗兩界都產生了深刻的影響。《景德傳燈録》的出現和廣泛流傳拉開了燈録興盛期的帷幕，成爲"五燈"的先驅和代表，是學習研究禪宗及其燈録的基本資料。基於《景德傳燈録》的盛行，模仿學習之作不斷涌現，有力推動了燈録的深入發展。

　　《景德傳燈録》之後的第一部仿效之作便是《天聖廣燈録》。《天聖廣燈録》的撰者爲臨濟宗李遵勖，其於天聖七年（1029）獻《天聖廣燈録》於仁宗，仁宗爲之賜"天聖"二字並作序，此書距《景德傳燈録》之問世不到三十年，大體承襲了《景德傳燈録》，所記傳法世系並無多大變化，只是章次有所更易，内容略有擴充。不過因作者比較有名，此

------

　　① 魏道儒：《宋代禪宗文化》，鄭州：中州古籍出版社，1993年版，第58頁。

書也産生了不小的影響，後被收入《崇寧藏》《毗盧藏》等藏經。由於李遵勖爲臨濟宗之後，承續南嶽懷讓、馬祖道一法系，故於此之下的禪師著録尤爲詳細，馬祖之後諸禪師的語録幾乎全部網羅，是研究南嶽、馬祖系的重要禪宗資料。與此同時，《景德傳燈録》的流行仍在持續，但由於其卷帙浩繁，參禪携帶不易，故民間有《景德傳燈録》之簡略删節本出現，《羅湖野録》所言"近者旋附節本《傳燈》三卷，當已通呈"①，蓋指此事。後王隨撮《景德傳燈録》之精粹和機要，將其删定爲十五卷，即《傳燈玉英集》，書成之後奏請仁宗准許入藏並開版印刷。從此書殘存的卷目中可以看出其保存了《景德傳燈録》的主體内容，且由於其成書年代與《景德傳燈録》的開版年代非常接近，爲研究《景德傳燈録》之重要資料。承《景德傳燈録》和《天聖廣燈録》之余緒，以宋徽宗年號（1101）命名的《建中靖國續燈録》由雲門宗僧惟白編撰而成。與前幾部燈録一樣，此書依禪門法脉之次第，集録諸禪師資之略歷、機緣語句、古則公案及偈頌等，而特别偏重雲門宗禪者之語録記載。惟白又别出心裁地以正宗、對機、拈古、頌古、偈頌五門統領全書，這種分類和命名與禪宗在北宋後期的深入發展以及拈古、頌古等的大受歡迎密切相關。

從徽宗到南宋末年，禪宗的發展有了新的變化，楊岐代替黄龍逐漸成爲臨濟宗的主流，曹洞宗异軍突起，而之前大盛的雲門宗漸趨衰落。雲門宗和臨濟宗的僧人延續了祖師撰寫燈録的傳統，以至南宋時期的大部分燈録皆爲此二宗之僧人編撰，《聯燈會要》和《嘉泰普燈録》就是典型之例。

南宋淳熙十年（1183），臨濟宗僧人悟明於永嘉江心寺撰《聯燈會要》，後六年又附李泳之序文刊行，爲泉州崇福寺學人所大力提倡而流行。此書亦是仿效《景德傳燈録》等而作，其内容主要選自《景德傳燈録》和《天聖廣燈録》等書，記載了六百餘位僧人的示衆法語與機緣問答，於佛界産生了不小的影響。發展至此，加上之前的《景德傳燈録》《天聖廣燈録》和《建中靖國續燈録》等，宋代的燈録編纂成果甚夥，然這些燈録大多只側重對禪門内師徒傳法的記録，於禪門外之佛道中人

---

① 《羅湖野録》卷一，《卍新纂續藏經》第83册，第375頁上欄。

關注甚少，這個缺憾在《嘉泰普燈録》里得到了很好的彌補。同時，也正是因爲《嘉泰普燈録》意在補《景德傳燈録》等書之不足，内容涉及示衆機語、廣語、拈古、頌古、偈贊、雜著等，對象包括王侯、士庶、女流及尼師等聖賢和衆庶，故以"普"字著稱。《嘉泰普燈録》之纂者爲雲門宗僧雷庵，他是雪竇下第七世，在平江府報國光孝寺修行。此書歷時十七年，於嘉泰四年（1204）編成，進呈宋寧宗而敕許入藏。由此可見，南宋之時儘管曹洞宗大興，但雲門宗和臨濟宗在燈録的編寫方面著實貢獻不小，理應被特別關注。

從北宋景德到南宋嘉泰的近兩百年間，燈録作爲一種禪宗文體已相當獨立和純熟，《景德傳燈録》《天聖廣燈録》《建中靖國續燈録》《聯燈會要》《嘉泰普燈録》五部燈録以及删簡《景德傳燈録》而成之《傳燈玉英集》等在僧佛界都產生了不同程度的影響，燈録之作可謂蔚爲大觀。以"五燈"爲代表的燈録有 150 卷之多，且彼此間内容多有重複，於是在南宋末年，僧普濟融匯"五燈"爲一書，編《五燈會元》二十卷，成爲繼《景德傳燈録》之後影響至巨的又一燈録力作，也是從唐初至宋燈録發展的高峰和最後總結。《五燈會元》集"五燈"之精要，括摘樞要，按照禪宗五家七宗的派別分門叙述各宗源流本末，讓禪宗的法脉流變顯得綱目清晰。正因如此，元、明以來好禪之士多藏是書，單部燈録流通者遂少。然而，《五燈會元》對"五燈"龐大内容的删減也讓此書有單薄、史實扭曲之過，亦不可不慎。正如有學者指出的：

> 《五燈會元》的影響也不小，它將中唐以後的禪宗整理爲青原與南嶽兩大系統，分爲五家七宗，使師資傳承的眉目十分清晰，同時精簡了繁縟的禪語和複雜的義理，顯得言簡意賅，給檢索查閱提供了方便。但這種簡化過於俯就現實的需要，加上僧侶的固有限制，以致扭曲歷史、背離事實更加嚴重。[1]

而後，寶曇抄録《景德傳燈録》等書中禪師之傳法因緣並加評語，

---

[1]　杜繼文、魏道儒：《中國禪宗通史》，南京：江蘇古籍出版社，1993 年版，第383 頁。

輯成《大光明藏》三卷。至此，燈錄的發展告一段落，雖然此後元、明、清等朝之燈錄作品迭出，但已不是燈錄的黃金發展期，今日之佛教禪宗研究無論如何都無法避開"五燈"。

縱觀唐宋燈錄由草創、發展到興盛的演變，不難窺見燈錄發展的幾個主要特點。第一，燈錄的演進與禪宗宗派競相發展的步調基本趨同。在北宗興盛時期，出現了《楞伽師資記》《傳法寶紀》等北宗燈錄著作，而後北宗式微、南宗大顯，燈錄的發展都定格在南宗的框架內。隨著南宗五家七宗的遞次出現與興盛，燈錄文體被各宗派發揮和彰顯。第二，燈錄的演進有"簡到繁"和"繁到簡"兩條脉絡。一方面，無論是從內容還是體制來講，自《楞伽師資記》到《五燈會元》，燈錄的內容不斷豐富，所記祖師機緣法語及僧俗界的涉法對象亦越來越多元，燈錄之體制漸趨龐大，此爲"簡到繁"。另一方面，由於燈錄產生的廣泛影響，加之宋代文人士大夫普遍喜禪，僧俗界對燈錄的應用性、實踐性提出了更高的要求，爲便於參究學習和携帶流通，大部頭的燈錄多被撮錄精要、融匯合編，《傳燈玉英集》《五燈會元》等即是，此爲"繁到簡"。同時，這兩條脉絡共同推動了禪宗燈錄發展的深化。第三，燈錄的歷史性和虛妄性並存。燈錄按次序記述歷代禪師的傳法機緣，具有禪宗史書的特點，因此燈錄是研究禪宗歷史的重要史料。然而，由於各宗旨在揚本宗之旗幟，力爭法脉正統，取得統治階層的支持和社會各階層的信奉，編造法統、篡改事實等情況比較嚴重，故而燈錄又具有很大的虛妄性。歷史性與虛妄性並存的特點讓燈錄蒙上了神秘的面紗，此在第三章還將詳細討論。

第三節　唐宋現存燈錄

燈錄是研究禪宗歷史重要的文獻資源。然而，與所有古書的流傳相似，由於諸多因素，燈錄在流傳中也面臨著亡佚的厄運，能完整保存至今的書目屈指可數，對這些今日尚且可見的文獻進行梳理和利用，有助於我們更好地瞭解禪宗的歷史軌迹，厘清燈錄的發展脉絡。現撮錄今日可見唐宋之燈錄如下。

一、唐代燈録

（一）《楞伽師資記》

全一卷。又名《楞伽師資血脉記》。唐僧净覺編。其成書時間舊説爲景龍二年（708），後楊曾文確定爲開元元年至開元四年（712—716）的某一個時期編撰於太行山的靈泉谷。是書久佚，近世方在敦煌遺書中發現，計有七個殘本，分別是胡適於 1926 年在倫敦大英博物館、巴黎國立圖書館發現的 S.2054、S.4272、S.3436 三個抄本，田中良昭於 1962 年在日本東洋文庫所藏敦煌文書中發現的 P.3294、P.3537 兩個抄本，以及商務印書館在 1962 年出版的 P.93703、P.4564 兩個抄本。《大正藏》第 85 册收録的《楞伽師資記》爲矢吹慶輝在倫敦發現的 S.2054 抄本的校訂本，被廣泛使用，《禪宗全書》將其編在第一册，後又收編入《中國燈録全書》第十四册。日本學者柳田聖山利用各個抄本進行校訂的《楞伽師資記》是迄今爲止最完備的校本，基本恢復了是書原貌。此書是在玄賾《楞伽人法志》的基礎上撰寫的，介紹了從初祖求那跋陀羅，經菩提達摩、慧可等歷代相承，共計八代二十四人的傳法世系，是珍貴的禪宗早期史書。

（二）《傳法寶紀》

一卷。作者杜朏，字方明，唐朝京兆人，生平不詳。此書爲禪宗北宗重要之史傳，記述了菩提達摩、惠可、僧璨、道信、弘忍、法如、神秀七代的傳法世系。此書早佚，亦不見於他書記載，直到 20 世紀 30 年代纔從敦煌遺書中發現，計有三種寫本，編號分別爲 P.2634、P.3858、P.3559，皆存於法國巴黎國立圖書館。其中，P.2634 爲唐寫本，僅存序和“達摩”條的一部分，餘皆殘損。日本學者矢吹慶輝在《鳴沙餘韻》（碧波書店，1930 年）和《鳴沙餘韻解説》（碧波書店，1933 年）中收録了此寫本的照片並加以介紹。1932 年將其收編在《大正藏》第 85 册中，後《禪宗全書》收録在第一册，又《中國燈録全書》列入第十四册。P.3858 爲五代寫本，首尾皆殘損，僅中間存一紙，即從“道信”條的後半至“法如”條的前半，共計 25 行。P.3559 爲唐寫本，是唯一的全本，首尾完整，全書由序、目録和達摩至神秀七祖事迹及總論構成。1936 年由日本神田喜一郎發現，後日本學者柳田聖山在《初期禪宗史書的研究》中發表了此寫本的完整照片，並載有其校注的全文，做出了重要貢獻。關於《傳法寶紀》的成書時間，文獻中無確切記載可查，日本學者多認爲成於開元元年（713），而以楊曾文爲代表的中國學者根據書中幾處確定的年代稱謂和記載，認定是書當寫成於開元四年（716）至開元二十年（732），此説漸爲學界所接受。

（三）《歷代法寶記》

又名《師資血脉記》《定是非摧邪惡正破壞一切心傳》《最上乘頓悟法門》（據卷題下的小注）。全一卷，不著撰人。收入《大正藏》第51册、《禪宗全書》第一册、《中國燈録全書》第十四册。從書末載録的序來看，大約成書於唐大曆九年（774）成都府保唐寺無住禪師圓寂之後不久。此書亦久佚，後在敦煌遺書中發現，首尾完整的寫本計有七種，即S.516、S.1611、S.1776、S.5916、P.2125、P.3717、P.3727。日本學者以法國國立圖書館收藏的敦煌寫本S.516爲底本，大英博物館藏的敦煌本P.2125爲校本，將該書收入《大正藏》第51册。本書出於唐禪宗保唐禪派僧人之手，故記録了保唐系的傳承史。其傳法世系的記載有三個部分，先記録印度從大迦葉到菩提達摩的西天二十九祖傳法，次則對中土六祖的生平和禪法細加講述，最後記載净衆、保唐一系之智詵、處寂、無相、無住之生平的禪法。

（四）《寶林傳》

全稱《大唐韶州雙峰山曹溪寶林傳》，又名《曹溪寶林傳》《雙峰山曹侯溪寶林傳》。凡十卷，現存七卷，佚卷七、卷九、卷十。唐代朱陵沙門智炬（或作慧炬）撰於德宗貞元十七年（801），收於《宋藏遺珍》第二册（臺灣新文豐出版公司影印刊行）、《禪宗全書》第一册、《中國燈録全書》第十四册。此書問世後曾十分盛行，但其引用僞書、編造情節和紀年等拙迹亦很明顯，後長久失傳。1932年日本學者常盤大定於京都的青蓮院發現此書之第六卷，翌年，中國學者在山西趙城廣勝寺發現的《金版大藏經》中找到《寶林傳》的第一至五卷和第八卷，共計七卷。《寶林傳》楷定了西天二十八祖與東土六祖的傳法世系，書中的"佛祖傳法偈""讖偈"也廣泛流傳，於後世禪宗燈史影響至深，晚出之燈録作品如《祖堂集》《景德傳燈録》等皆采其説。

此書雖七卷、九卷、十卷俱缺，但依舊可從餘下之七卷觀其大略。

卷一記述釋迦牟尼和一祖（前缺三紙，約 950 字），卷二記從二祖至八祖之傳法，卷三記録九祖到十七祖之傳法，卷四記十八祖至二十二祖之弘法，卷五記二十三祖、二十四祖及獅子法嗣（前缺一紙，約 300 字），卷六記二十五祖和二十六祖之傳法，卷八記二十八祖至三十祖之弘法。

二、五代燈録

五代燈録以《祖堂集》爲代表。是書凡二十卷。五代南唐保大十年（952）泉州招慶寺静、筠二師編著，爲現存較早的禪宗史書之一，收入《禪宗全書》第一册、《中國燈録全書》第十四册。此書早於《景德傳燈録》半個多世紀，然集成之後不久便告失傳，歷代藏經未見收録，直至 1912 年，日本學者關野貞、小野玄妙等對韓國南部伽耶山海印寺所藏高麗版《大藏經》進行調查時，始自其藏外版中發現高麗高宗三十二年（1245）開雕的《祖堂集》二十卷的完整版本。第二次世界大戰後，日本花園大學複印了此書的普及本。1972 年，柳田聖山在日本出版了該書之影印本。1994 年上海古籍出版社在國内首次影印了該書。《祖堂集》之點校本有 1996 年岳麓書社吳福祥、顧之川點校本，2001 年中州古籍出版社張華點校本，2007 年中華書局孫昌武和日本學者衣川賢次、西口芳男點校本以及 2009 年商務印書館張美蘭校注本等。此書自發現後便受到中日學者的高度關注，日本學者柳田聖山、椎名宏雄等對之作了深入細緻的研究，貢獻頗大。本書卷一、卷二記述從七佛到中土六祖之傳法機緣，卷三記四祖、五祖、六祖旁出之法嗣，卷四至卷十三記述石頭一脉禪系七代 103 位禪師的生平和禪法，卷十四至卷終記馬祖系六代 79 位禪師的生平和傳法。六祖慧能之後，禪宗分石頭和馬祖兩大系的框架在此基本確立，於後世燈録和史傳等影響甚大。

三、北宋燈録

（一）《景德傳燈録》

略稱《傳燈録》，凡三十卷。宋代道原撰。原題名爲《佛祖同參集》，收於《大正藏》第五十一册、《禪宗全書》第二册、《中國燈録全書》第一册。元、明、清諸藏著録，《高麗藏》闕。道原於宋真宗景德元年（1004）具表上進，經楊億等人修改後，此書被奉敕入藏。因發生於景德年間，故以"景德"名之，又取燈能照暗，法系相承，猶如燈火輾轉相傳，喻師資正法永不斷絕之意，首次以"傳燈錄"稱之。本書集錄自過去七佛及歷代禪宗諸祖五家五十二世，共1701人之傳燈法系，內容包括行狀、機緣等，其中附有語錄者951人。《景德傳燈錄》的撰寫是佛教史上的重大事件，是研究禪宗史的根本資料。

此書卷首有楊億所撰之序。卷一、卷二記述過去七佛和西天二十七祖之傳法。卷三記從達摩至弘忍東土五祖之傳法。卷四記四祖道信、五祖弘忍旁出之法系：牛頭禪、北宗禪、净眾宗等法系，以及法融、神秀、普寂禪師之傳記。卷五記六祖慧能及其旁出法系。卷六記馬祖道一和百丈懷海。卷七至卷十分別記鵝湖大義和麻谷寶徹、南泉普願及其法嗣、百丈懷海及其法嗣、南泉普願及其法嗣。卷十一記溈仰宗祖師溈山靈祐及其法嗣。卷十二記臨濟宗之祖臨濟義玄之傳。卷十三記荷澤宗之法系。卷十四記石頭希遷及其法系。卷十五記洞山良價之傳。卷十六記德山宣鑒等人之法嗣。卷十七記曹洞宗之法嗣。卷十八、十九記雪峰義存之法系。卷二十記曹山本寂之法系。卷二十一記玄沙師備之法嗣。卷二十二、二十三記雲門宗之法系。卷二十四、二十五、二十六記法眼宗清涼文益之法系。卷二十七記獨立於禪門宗派之外而較優秀之禪者。卷二十八收錄特殊優異之禪宗語錄，包括南陽慧忠、荷澤神會等十二人。卷二十九題爲《贊頌偈詩》，共收白居易等十七人之偈頌。卷三十題爲《銘記箴歌》，共錄二十三種坐禪箴、證道歌。

（二）《天聖廣燈錄》

凡三十卷。宋李遵勗撰。李遵勗於天聖七年（1029）獻《廣燈錄》於仁宗，仁宗賜"天聖"二字並序，故得名。高宗紹興十八年（1148）刊行。收於《卍續藏》一三五册、《禪宗全書》第五册、《中國燈錄全書》第一册。此書撰述方式基本承襲《景德傳燈錄》，各宗世次沒有大的變化，只在章次有所更易，所記人數和言語略有擴充。依次收錄了釋迦牟尼下西天二十七祖、東土六祖、南嶽下九世、青原下十二世，370餘人之略傳和傳法機緣，其中對南嶽下禪師之記述尤其詳細，於馬祖道一後之禪師語錄廣泛收錄，幾無遺漏。

此書卷一至卷五記述釋迦牟尼佛及西天二十七祖之事迹及弘化情形。卷六至卷七記錄東土初祖菩提達磨到六祖慧能等祖師之傳法事迹。

卷八至卷三十記載慧能以下南宗禪諸師之弘化情形。所記禪師至宋仁宗天聖年間（1023—1031）爲止，合計 370 餘人。此書亦是全面收録馬祖以後諸師語録的禪宗資料。

（三）《傳燈玉英集》

凡十五卷。宋代王隨於景祐元年（1034）編成。撰成後上表仁宗，奏請入藏，並於同年在印經院開版印刷。收於《宋藏遺珍》上集、《大藏經補編》第十四册、《禪宗全書》第三册、《中國燈録全書》第一册和第二册。此書是《景德傳燈録》三十卷之删節本，因《景德傳燈録》卷帙浩繁且不便携帶，故仿效儒家之史傳，擇其精粹、撮其機要，删減爲十五卷。雖然本書爲《景德傳燈録》之删節摘録本，篇幅不及原書一半，然其删定年代與原本開版年代非常接近，較能保存原本之真實面目，故而成爲研究《景德傳燈録》的重要史料。此書亡佚甚久，後在山西省趙城縣廣勝寺的《金版大藏經》中發現，原本乃重見天日。唯惜内容已殘缺，尚欠卷一、卷四、卷七、卷九、卷十一、卷十三及卷三、卷十、卷十五等三卷之首部。

（四）《建中靖國續燈録》

凡三十卷，另有目録三卷。宋代法雲寺住持佛國禪師惟白編。此書成於宋徽宗建中靖國元年（1101），又因承續《景德傳燈録》和《天聖廣燈録》而來，故名。收録在《卍續藏》第一三六册、《禪宗全書》第四册、《中國燈録全書》第二册。本書依禪門法脉相續之次第，編列師資之略歷、機緣語句、古則公案、偈頌等而成，其分類別出心裁，以正宗、對機、拈古、頌古和偈頌凡五門統領全書。其中，正宗主要記述印度與中土五十一位祖師的契悟因緣，對機門則記臨濟、雲門兩宗諸師應機説法之情形，拈古門重點集録雪竇重顯以下二十八師所拈舉的古則公案，頌古門列編了雪竇重顯以下十九人之頌古詩偈，偈頌門收録了法泉佛慧以下三十九人之唱道偈頌。

四、南宋燈録

（一）《聯燈會要》

又稱《宗門聯燈會要》《禪宗聯燈録》。凡三十卷。著者爲南宋晦翁悟明，撰於孝宗淳熙十年（1183）永嘉江心寺，淳熙十六年（1189）附李泳所撰之序文刊行，至元代至元二十八年（1291）思忠附序重刊。收於《卍續藏》一三六冊、《禪宗全書》第五冊和第六冊、《中國燈錄全書》第二冊和第三冊。此書內容多選錄自《景德傳燈錄》《天聖廣燈錄》諸書。從卷一至卷二十九前半部分計收錄過去七佛以迄天童正覺法嗣淨慈慧暉等600餘人之示眾法語和機緣問答，卷二十九後半部分收錄佛陀波利等二十一位應化賢聖、二十七位無名尊者，卷三十爲《傅大士心王銘》等十四篇短文。另外，在日本此書有嘉慶三年（1389）臨川寺所刊行五山版藏本，以及元祿三年（1690）大應寺祖泰印行本。

（二）《嘉泰普燈錄》

凡三十卷，另有目錄三卷。南宋雷庵正受編。成書於嘉泰四年（1204），進於寧宗，奉敕入藏，又因其內容普及王侯、士庶、女流等聖賢庶眾，故名。收於《卍續藏》第一三七冊、《禪宗全書》第六冊、《中國燈錄全書》第三冊。撰者雷庵正受爲雲門宗雪竇下第七世，鑒於以往之傳燈錄偏重於記錄禪門師徒傳法的特點，乃廣搜龐索，費時十餘年，力補《景德傳燈錄》《天聖廣燈錄》等書範圍狹窄之不足。本書卷一至卷二十主要收錄六代祖師至南嶽以下十七世、青原以下十六世諸師的傳法機緣，卷二十二以下則廣錄聖君、賢臣、應化聖賢、拾遺、諸方廣語、拈古、頌古、偈贊、雜著等。

（三）《五燈會元》

凡二十卷。南宋普濟編撰。清《四庫全書》著錄，有重刻宋寶祐本、元至正本等。今收錄在《卍續藏》第一三八冊、《禪宗全書》第七冊和第八冊、《中國燈錄全書》第三冊和第四冊。"五燈"者，指《景德傳燈錄》《天聖廣燈錄》《建中靖國續燈錄》《聯燈會要》《嘉泰普燈錄》五部禪宗燈錄，各三十卷，共計一百五十卷。"五燈"內容層見疊出，中多重複，於是普濟乃刪繁就簡，會五爲一，故名。此書內容系依禪宗五家七宗之派別分卷敘述，收錄過去七佛、西天二十七祖、東土六祖、青原下十六世及南嶽下十七世等諸付法禪師之列傳，於七宗源流本末一目了然，爲時所重。

此書卷一記述七佛至東土六祖之弘法，卷二記四、五、六祖法嗣及應化聖賢，卷三、四記南嶽懷讓至五世，卷五、六記青原思至七世及未詳法嗣，卷七、八記青原下二世至九世之傳法，卷九記南嶽下二世至八世之潙仰宗，卷十記青原下八世至十二世之法眼宗，卷十一、十二記南嶽下四世至十五世之臨濟宗，卷十三、十四記青原下四世至十五世之曹洞宗，卷十五、十六記青原下六世至十六世之雲門宗，卷十七、十八記南嶽下十一世至十七世之黃龍派，卷十九、二十記南嶽下十一世至十七世之楊岐派。

　　值得一提的是，《中國燈錄全書》①對流傳至今的禪宗燈錄作了細緻的梳理和匯編，共 20 冊，合計編錄了 63 種禪宗燈錄，爲我們研究禪宗燈錄帶來了莫大的便利。但此書收錄的文獻還存有待商榷之處，以唐五代兩宋的燈錄爲例，《中國燈錄全書》收錄了這一時期燈錄作品 22 種，比如上所列燈錄（唐代 4 種，五代 1 種，北宋 4 種，南宋 3 種，共計 12 種）多出 10 種，它們分別是《中華傳心地禪門師資承襲圖》《傳法正宗記》《傳法正宗論》《石門洪覺範林間錄》《新編林間後錄》《禪林僧寶轉》《補禪林僧寶傳》《僧寶正俗傳》《大光明藏》《五家正宗贊》。其中，《中華傳心地禪門師資承襲圖》爲宗密答裴休問所作的一篇長文，意在敘述牛頭宗、北宗等諸宗的傳承和對其宗風進行評述，跟燈錄體重視祖師言語的記載相去甚遠，不屬於嚴格意義上的燈錄作品。《傳法正宗記》雖然有傳法面授之記載，但更側重於祖師的傳法事跡，僧傳體的特點突出，陳垣指出："《正宗記》爲傳記體，其書在《景德》《天聖》二錄之後。於唐以來禪宗二十八祖世系，宗《寶林傳》，而求古籍以證明之，解釋之。"②《禪林僧寶傳》亦是側重於高僧行事、法跡的記載，儼然是僧傳體的文體特點，與燈錄之重言有明顯的區別。因此，陳垣説："《僧寶傳》爲傳記體，然與以前僧傳不同，以前僧傳，統括十科，此則專群禪者。又與《燈錄》不同，《燈錄》詳載語言，此則兼載行事。"③ 而《大光明藏》雖系源自《景德傳燈錄》諸書，却僅局限於對祖師悟法之機緣的抄錄，並且重在展現寶曇附加之評語。此外，若細究其得失，《中國燈錄全書》又存在漏收的情況，《宗門統要續集》就是一個例子。《宗門統要續集》是在宋宗永所撰十卷《宗門統要集》基礎之上，由元

---

①　參見净慧主編：《中國燈錄全書》，北京：中國藏學出版社，1993 年版。

②　陳垣：《中國佛教史籍概論》，上海：上海書店出版社，2005 年版，第 92～93 頁。

③　陳垣：《中國佛教史籍概論》，上海：上海書店出版社，2005 年版，第 107 頁。

清茂續集而成。《宗門統要集》收録了從西天二十八祖、東土六祖到南嶽下十一世及青原下十世的法系，極類燈録，清茂編《宗門統要續集》後，人皆以爲便，宗永之《宗門統要集》便不再流行。① 從《宗門統要續集》中可以了解《宗門統要集》的大略，其列入燈録實屬情理之中，然《中國燈録全書》對前後二書皆不提及。所以，《中國燈録全書》對燈録搜羅雖可稱全面，但有擴大範圍之嫌疑，同時又有漏收之弊，於此我們應慎重區分，只有正確認識現存燈録的情況，才能充分利用這些歷史文獻，進一步研究禪宗和禪宗燈録。此爲治禪宗燈録之學的第一步，不可不慎。

第四節　燈録與目録著述

作爲一種文化舶來品，佛教能在中土産生持續深遠的影響與歷代僧衆和信徒對佛教“中國化”的努力不可分割，他們在繼承之餘大多傾心於佛教内部的改革、演化，以更好地讓佛教文化與中國文化調和，同時積極爭取統治階層、士大夫和民衆等的支持與認同，最終得以在中土生根繁茂。僧衆和信徒的這種努力集中體現在兩點：一是注重佛教自身的文獻傳承和目録系統建構，二是東土對佛教文化的反饋和著録。前者包括西來翻譯文獻和本土新創文獻傳承的目録建構，諸如西晋法護之《衆經目録》、隋費長房之《歷代三寶記》、唐道宣之《大唐内典録》、唐智升之《開元釋教録》、宋惟白之《大藏綱目指要録》、宋王古之《大藏聖教法寶標目》、明智旭之《閱藏知津》等，可謂不勝枚舉，姚名達在《中國目録學史》一書中專闢“宗教目録篇”，整理了“中國歷代佛教目録所知表”，收録了現存和已佚的佛教目録七十七部，基本反映了歷代佛教目録的概貌②，實有益於佛教之研究。“在中國佛教發展的過程中，

一方面翻譯出來的佛典越來越多，另一方面中國自身也開始産生與佛教相關的文獻。佛教之外沿革《七略》傳統而來的中國目録學，對於這些新增的文獻當然不會視而不見。"① 佛典目録多爲自家之言，故搜羅詳盡，而傳統目録旁叙其言，著録更顯凝練客觀，因此，研究傳統目録對釋氏燈録文體的著述，將爲釐清唐五代兩宋禪宗燈録的發展與流布提供重要綫索。以下就官修目録、史志目録和私修目録三種傳統目録中重要的目録學著作對唐五代兩宋燈録的著録情況作爬梳整理，以加深對這一時期之燈録發展流布、地位影響等的認識。

一、官修目録

官修目録以《崇文總目》爲代表。宋仁宗詔王堯臣等作，爲宋代官修目録著作，收録各類書籍較全面。原書 66 卷，每類有序，每書有釋，後來因序、釋被删除，僅著有書名、卷數兩項，篇幅縮減爲 12 卷。釋家之書目列在第 10 卷，分爲上、中、下三部分，所著録書籍涉及大小乘經典、注疏、燈録、語録、偈頌等，共計收書 138 部、627 卷。有學者初步統計，《崇文總目》包含禪宗典籍大概 "共 45 部，計 99 卷"②。以下爲書中有關禪宗燈録的著述：

《釋書上》有：《景德傳燈録》三十卷；

《釋書中》有：《祖堂集》一卷（闕）；

《釋書下》有：《寶林傳》十四卷。

二、史志目録

（一）《舊唐書·經籍志》

後晋劉昫等撰。是書主要據毋煚《古今書録》編録，除删去小序外，比較完整地保存了《古今書録》所著録的51852卷書目，開元以後

---

①　王錦民：《古典目録與國學源流》，北京：中華書局，2012 年版，第 158 頁。

②　哈磊：《宋代目録書所收禪宗典籍》，載於《四川師範大學學報》（社會科學版），2010 年第 3 期，第 44 頁。

國家新增的藏書闕如。《舊唐書·經籍志》雖承續《隋書·經籍志》，却改變了對佛教文獻的著録方式，不再將其附於四部之外，而是比較集中地著録於子部道家類末尾，另在四部各類之中也有零星的著録。總體上講，《舊唐書·經籍志》在釋書著録上有許多補充，增加了《續高僧傳》《法苑》《光弘明集》等佛家文獻，然並没有著録禪宗燈録書目，這不得不説是一種遺憾。

（二）《新唐書·藝文志》

宋歐陽修、宋祁等撰。是書也主要以《古今書録》爲藍本，參補仁宗時所藏唐人著述，比《舊唐書·經籍志》增録唐人著作27127卷，同時打破了前史僅著録國家藏書的格局，對私人所藏著述多有關注。《新唐書·藝文志》之釋家文獻著録同樣附於道家類下，但相對於《舊唐書·經籍志》，《新唐書·藝文志》著録數量和内容都大有擴充，著録也更加集中，基本不再散列於子部道家類之外，凡釋氏 25 家，40 部，395 卷。其中燈録著述有此二種：

> 智炬《寶林傳》十卷；
> 元偉《真門圣胄集》①五卷。

（三）《宋史·藝文志》

元脱脱等撰。是書著録圖書共9819部，119972卷。《宋志》釋家仍舊被置於子部道家類之下，其言：“二曰道家類，釋氏及神仙附。右道家附釋氏神仙類凡七百十七部，二千五百二十四卷。”《宋史·藝文志》著録右釋氏類 222 部，949 卷，其中關涉燈録之著述拾掇如下：

> 元偉《真門圣胄集》五卷；
> 李遵勗《天聖廣燈録》三十卷；
> 僧道原《景德傳燈録》三十卷；
> 僧惟白《續燈録》三十卷，《寶林傳録》一卷；
> 《普燈録》三十卷，僧正受集。

---

① 略稱爲《圣胄集》，“元”字當爲避唐玄宗“玄”字之諱而易改。下同。

（四）《通志·藝文略》

南宋鄭樵著。從目録學的角度來看，是書有詳盡的圖書分類方法，誠有助於學術的探源和研究。《通志·藝文略》突破四部分類法，將群書分爲 12 大類，記爲經、禮、樂、小學、史、諸子、天文、五行、藝術、醫方、類書、文，又在十二類下分出 154 種小類、284 個目。其中，鄭樵又把諸子依次分爲儒術、道家、釋家、法家、名家、墨家、縱橫家、雜家、農家、小説、兵家 11 小類，釋家被排列在第三位，足見此一時期其影響和地位的提升。釋家文獻録於卷六十七，凡釋類十種 334 部1777卷。同時其又被細分爲傳記、塔寺、論議、詮述、章鈔、儀律、目録、音義、頌贊、語録十類，創前人之未創。在《通志·藝文略》中，鄭樵比較完整地收録了唐代以來的禪宗著作，而燈録多在其列，分別是：

　　右傳記類：
　　《真門圣胄集》五卷，唐僧元偉撰；
　　《景德傳燈録》三十卷，宋朝僧道原撰；
　　《傳燈玉英集》三十卷①，楊億撰；
　　《寶林傳》十卷，唐僧智炬撰；
　　右論議類：
　　《法寶記血脉》②一卷，未著作者；
　　右語録類：
　　《祖堂集》③一卷，未著作者。

---

　　①　此處鄭樵著録有誤，《傳燈玉英集》當爲十五卷。
　　②　按：疑爲《師資血脉記》之誤。《歷代法寶記》標題下記有异名小注《師資血脉記》《定是非摧邪惡正破壞一切心傳》《最上乘頓悟法門》，而《法寶記血脉》未見諸史料，此處極有可能是"法寶記"與"血脉"合稱代指《歷代法寶記》。
　　③　按：雖然鄭樵《通志》卷六十七《藝文略》對佛教文獻的著録分類詳盡、條理清晰、搜羅豐富，在傳統目録中可堪爲典範，但是著録分類上亦存局限，此處便是明證。宋道原《景德傳燈録》問世後，燈録已作爲一種禪宗文體大顯，而鄭樵之分類無燈録小項，實爲分類欠周；並且，《寶林傳》《景德傳燈録》既已歸入傳記類，然體例相同的《祖堂集》却又被列入語録類，則難辭分類不嚴之嫌。

三、私修目録

（一）《郡齋讀書志》

南宋晁公武撰。"此書有袁本、衢本兩個傳本。袁本四卷，分四部四十三類，又有趙希弁編《附志》一卷、《後志》三卷，合爲七卷；衢本二十卷，分四部四十五類。"① 《郡齋讀書志》將子類分爲儒家、道家、法家、名家、墨家、縱橫家、雜家、農家、小説、天文、星曆、五行、兵家、類書、藝術、醫書、神仙、釋書 18 類，釋家被置於第十六卷子部之末，蓋囿於晁氏個人好惡而成，然其收書豐富、體例完備和内容描述詳實之特點不減分毫。釋書類下記燈録之作如下：

《景德傳燈録》三十卷。右皇朝僧道原編。其書披奕世祖圖，采諸方語録，由七佛以至法眼之嗣，凡五十二世，一千七百一人。獻之朝，詔楊億、李維、王曙同加裁定。億等潤色其文，是正差繆，遂大盛行於世，爲禪學之祖。

《傳燈玉英集》十五卷。右皇朝王隨撰。以傳燈録繁冗難觀，删爲此録，景祐甲戌上之，詔書獎荅，有序附於後。

《天聖廣燈録》三十卷。右皇朝李遵勖編。斷自釋迦以降，仁宗御製序。

《靖國續燈録》三十卷。右皇朝僧惟白編。惟白，靖康初住法雲寺，駙馬都尉張敦禮以其書上於朝，徽宗爲之序。分《正宗》《對機》《拈古》《頌古》《偈頌》五門。

《分燈集》二十五卷。右皇朝井度編、蓋續三《燈録》也。

（二）《遂初堂書目》

宋尤袤撰。是書雖不言經、史、子、集之名，但實際上仍按照四部順序共分爲 44 類，釋家類爲子部第四，列於儒家、道家、雜家之後。該書不撰解題，只立書名，且各書名之間呈無序排列，但兼記數本，於

---

① 項楚、張子開：《古典文獻學》，重慶：重慶大學出版社，2010 年版，第 164 頁。

版本目録的發展有開創之功。《遂初堂書目》著録釋氏文獻共計 62 種，而《傳燈録》則爲燈録作品唯一之見著者。

（三）《直齋書録解題》

南宋陳振孫撰。著有鄭氏、方氏、林氏、吳氏等藏書家之書51180餘卷，原本 56 卷，惜已久佚，今存四庫本乃輯自《永樂大典》，編爲 22 卷，大體依照四部分類法分爲 53 類，並對各書的書名、卷數、學術淵源、版本款式、得書經過等都有細緻的叙述。釋家書目被列入卷十二"釋書類"，共計 28 種，有燈録 1 種：

> 《嘉泰普燈録》三十卷。僧正受編，《三録》大抵與《傳燈》相出入，接續機緣語句前後一律，先儒所謂遁辭也。然本初自謂直指人心，不立文字。今《四燈》總一百二十卷，數千萬言，乃正不離文字耳。

從目録學的角度來看，傳統目録對釋家文獻的著録分類經歷了一個較大的變化，唐之前的《晉中經簿》《秘閣四部目録》《七志》等多將佛教文獻的著録作爲附録，即便到了《隋書·經籍志》，"無論是佛教還是道教，都是作爲四部的附庸，尚不能進入中國古代學術格局的核心"①。自《舊唐書·經籍志》之後，釋家文獻方纔正式入四部之子部，作爲道家的附屬部分，如《新唐書·藝文志》和《宋史·藝文志》。在《崇文總目》《郡齋讀書志》《遂初堂書目》《直齋書録解題》《通志》等目録中，釋家文獻才真正獨立存在於子部，成爲傳統目録著録之必需，尤其是在鄭樵《通志·藝文略》中，釋家被列於子部儒家、道家之後，地位得到了空前的提升。從傳統目録對釋家文獻著録的變化中可以看出佛教傳入中土後其影響不斷深入，中土傳統學術也對其積極包容，在不斷的鬥爭和融合中形成了完備的目録學體系。

從對唐至宋目録所見燈録著述的梳理中，可以瞭解此一時期燈録的流布與發展。一方面，傳統目録對燈録文獻的著録數量呈總體上升趨勢，燈録的影響和發展不言而喻。《舊唐書·經籍志》中無燈録著録，

---

① 王錦民：《古典目録與國學源流》，北京：中華書局，2012 年版，第 162 頁。

53

到了《郡齋讀書志》《通志》《宋史·藝文志》等目錄中，燈錄被大量收錄。另一方面，傳統目錄對燈錄文獻著錄闕失有序，故燈錄的散佚和流布亦可窺一二。比如，在《崇文總目》《通志》等目錄中，《寶林傳》和《祖堂集》赫然在列，而於此之後的目錄著述中則再難覓它們的影踪；像《傳法寶紀》《歷代法寶記》等早期燈錄文獻，一直未見著於傳統目錄，恐早已失傳。當然，這其中也會夾雜一些編者的立場好惡，譬如晁公武好佛，於燈錄著述頗豐；而陳振孫淡佛，故燈錄著述寥寥。由此觀之，除去編者的立場和個人喜好，加上目錄著述較燈錄問世往往相對滯後等因素，深入分析傳統目錄之燈錄著錄能爲我們研究唐宋禪宗燈錄的發展與流布提供良好的導向和史料。

第三章　唐宋燈録的書寫

　　宗教常與神秘和虛妄相連，佛家禪宗自不例外。爲尋求支持、扎根中土、長足發展，禪門宗徒"無所不用其極"，炮製法統、篡改史料、任意夸貶成爲其最主要的手段，此種現象在禪宗文獻中屢見不鮮，而燈録的法統和内容記載更是史料駁雜、真僞難辨。在宗派利益的博弈中，夸虛之詞在所難免，加之禪宗對經典的不崇尚性使得禪宗史實可以被任意剪裁和捏造，給後世的研究帶來諸多困難。但與此同時，禪宗自成一派，燈録文獻流傳既久，又成爲不可多得的信史，割弃它們將會把禪宗研究置於困境，難怪杜繼文等曾感嘆：

　　　　若全信禪家自己的記載，當成無誤的史實，非上當不可；但若完全離開它們，對禪宗的研究就無從進行。如何考訂和梳理數量龐大的禪宗史料，辨别真僞，弄清本來面目，是一項巨大的工程。①

　　所以，面對禪宗文獻及其燈録，我們應持審慎的態度。鑒於此，本書特提出"書寫"一詞，旨在化解燈録記載的虛妄和真實之間的矛盾。借"書寫"之不傾褒貶，一方面，對法統的杜撰和内容的增删進行客觀描述；另一方面，深入分析杜撰法統和增删内容背後的作僞動機和意義。這樣既不會遮蔽燈録本身的多樣記載，又可以爲瞭解燈録背後的禪

---

　　① 杜繼文、魏道儒：《中國禪宗通史》，南京：江蘇古籍出版社，1993 年版，導言，第 19 頁。

宗歷史提供新的角度。

<h2 style="text-align:center">第一節　法統書寫</h2>

"在中國佛教宗派史中，傳法爲一關鍵性概念"①，禪宗更是將傳法這一關鍵性概念發揮得淋漓盡緻，西天"八代祖統説""二十三祖統説""二十九祖統説""二十八祖統説"等頻現迭出，東土祖師的楷定也是争執不下、風波涌蕩，最終至兩宋才基本形成定式。禪宗傳法的記載大都集中在燈録中，因而，燈録的核心便是法統書寫。

一、各派法統的梳理和對比

作爲燈録核心概念的法統，禪宗各派自始至終都給予了高度關注。"禪宗多次公布它自佛祖以來的傳法世系。爲了論證他們的世系有據，不惜靠杜撰去填充千餘年連印度也搞不清楚的世代法嗣繼承關係。旁觀看來，未免可笑，而且是徒勞的，在當年禪宗的信奉者却以十分嚴肅的態度來對待這個根本不存在的傳法世系表。"② 雖然法統的書寫有不實之處，甚至將龐雜的宗派體系簡化成幾派的承襲，但是我們的研究不能繞開這種法統體系。所以，對各派法統的梳理和對比於唐五代兩宋禪宗燈録的研究顯得尤爲重要。

據禪史記載，禪宗祖師可上溯到印度的大迦葉尊者（或名摩訶迦葉），中國的初祖則爲北魏時印度來華僧人菩提達摩，自此以降，至五祖弘忍後，禪宗出現了南北宗的分支，即分别在南、北弘教的慧能和神秀，南北宗的鬥争局面正式形成。這場鬥争的結果是以慧能爲代表的南宗獲得了勝利，奪得了正統地位，慧能自然被奉爲六祖，北宗則趨於没落。而後慧能門庭若市，座下青原行思和南嶽懷讓兩系支派繁茂，開創了禪宗五家七宗的盛況。在燈録各個時期，法統書寫的指向各有側重，草創期之前爲準備階段，爲後續法統書寫的來源，草創期和發展期把西

---

① 湯用彤：《隋唐佛教史稿》，武漢：武漢大學出版社，2008 年版，第 202 頁。
② 任繼愈：《〈禪宗的形成及其初期思想研究〉序》，載於《哲學研究》，1989 年第 11 期，第 54 頁。

天傳承和中土法統相連，重點書寫了達摩至慧能及其門徒的法統，到了繁盛期，法統書寫著重突出了青原行思和南嶽懷讓二系的傳承，至此，法統書寫大體確立，後來之法統都只是在以上框架內續寫而已。下面就對不同時期的各派法統書寫進行梳理和對比。

（一）隋唐前的法統準備

道信、弘忍開創東山法門之前，佛家法統已悄然滋生。魏晋南北朝時期，《付法藏因緣傳》中就已有關於佛法傳承之記載。是書最初見於梁代釋僧祐《出三藏記集》，其卷二《新集經論錄》載："《付法藏因緣經》六卷（闕）。……宋明帝時西域三藏吉迦夜，於北國以僞延興二年，共僧正釋曇曜譯出，劉孝標筆受。"① 又據唐道宣《大唐內典錄》，北魏太武帝太平真君七年（446）信崔浩之言，下詔大殺沙門，毀佛經像，而七年後，文成帝即位重興佛法，曇曜等感奮之餘，乃於北臺石窟和西域沙門吉迦夜編譯《付法藏因緣傳》，以明釋教之由來，歷然可考。概括來講就是曇曜等人爲反駁前代毀佛時的誣詞，以論證佛教傳承有據。《付法藏因緣傳》記述了釋迦牟尼滅度后，佛法由大迦葉傳承，其後遞相傳付，經阿難一直到師子比丘，凡二十三代，共二十四人的傳承。但此書並沒有對應的梵本，而是吉迦夜、曇曜參照《阿育王傳》《龍樹菩薩傳》《提婆菩薩傳》等，並結合西域的一些傳說匯集而成，於佛教的傳法世系有明顯的僞造痕迹。雖然該書所記傳承出處多無可考，不可盡信，但它的問世對隋唐宗派有極大影響。天台宗的創始人智顗大師在《摩訶止觀》卷一中，歷數天台傳法世系的西天二十四祖就是據此而確定的。無獨有偶，禪宗六祖慧能在《壇經》中所說的從七佛已降，終於慧能本人的禪宗四十代傳承體系也是在《付法藏因緣傳》記載的基礎上增刪而楷定的。稍後梁代的僧祐根據《舊記》收錄的五十三人以及《師宗相承略傳》收錄的人物，並加入了自己新收錄的卑摩羅叉等人，編集成五卷《薩婆多部相承傳》，此書又名《薩婆多部記》，惜已亡佚。

《付法藏因緣傳》和《薩婆多部相承傳》是佛教剛傳入我國時，翻譯佛經爲尋求中土立足點的產物，意在彰明教法、佛理，正如有學者指出的：

---

① 《出三藏記集》卷二，《大正新修大藏經》第 55 册，第 13 頁中欄。

　　《摩訶止觀》《三論遊意義》和《壇經》雖然在它們的影響下，將印度佛的傳承系統與中國佛教宗派的實際傳承系統聯繫起來，提出了本宗的法統説，但就這些著作的題材而言，仍然是以闡述各自的教理爲主的論著，而不是專記本宗傳承史的譜系類著述。①

　　因此，它們的任務不是直接炮製和書寫法統，而是爲諸如天台、禪宗等宗派法統書寫提供確鑿的依據和來源，尤其爲中國禪宗祖統説的形成與發展奠定了基礎。此二書於各派傳法世系的影響深刻持久，故不可不提。

　　(二)"二十八祖"和"東土六祖"説的楷定

　　到了燈録草創期、發展期，宗派意識覺醒並鬥爭日趨激烈，法統被各派作爲論戰的一面大旗。從傳世文獻資料來看，專門記載傳法機緣的作品當從早期楞伽師的傳承記録開始。禪宗東土初祖南天竺沙門菩提達摩在傳授禪法的同時，將四卷本《楞伽經》傳付給可禪師，並叮囑説："我觀漢地，惟有此經，仁者依行，自得度世。"② 此後，《楞伽經》便遞次傳給了三祖僧燦、四祖道信、五祖弘忍，弘忍後傳神秀等人，從而形成了楞伽師的傳法系統。唐净覺的《楞伽師資記》記述了自劉宋求那跋陀羅至唐代神秀的弟子普寂爲止八代楞伽師的傳承，同時代的杜朏有《傳法寶紀》一卷，歷叙菩提達摩到神秀凡七代的傳承。這些都是記述楞伽師傳法世系的專著，但顯而易見，其所記的都只是北宗一派的傳承。

　　南宗方面，最早問世的關於傳法記載的是約成書於唐代宗大曆十年 (775) 至大曆十四年（779）之間的《歷代法寶記》，此書作者不可考，却幸而流傳至今。書中記載了菩提達摩至保唐寺無住禪師凡十代的傳承，當爲南宗的一個分支。德宗貞元十七年（801），金陵沙門智炬與天竺沙門勝持一起編次禪宗歷代祖師的傳法以及六祖慧能以下宗師的機緣語句而成《寶林傳》，由此確定了禪宗西天二十八祖到東土六祖的傳法

---

　　① 陳士强：《佛教宗派史上的譜系》，載於《復旦學報》（社會科學版），1991 年第 1 期，第 59 頁。
　　② 《續高僧傳》卷十六，第 551 頁下欄。

次第，成爲後世禪宗公認的法統説，歷代沿襲，幾無變更。五代時，《祖堂集》一書問世。爲方便直觀比較，不妨更製下表，以釐清法統之眉目（見表3－1）：

表 3－1

傳法世系	禪史文獻				
	《楞伽師資記》	《傳法寶紀》	《歷代法寶記》	《寶林傳》	《祖堂集》
				七佛	七佛
西天傳承			1. 摩訶迦葉	1. 大迦葉	1. 大迦葉
			2. 阿難	2. 阿難	2. 阿難
			3. 摩田提	3. 商那和修	3. 商那和修
			4. 商那和修	4. 優婆毱多	4. 優婆毱多
			5. 優婆毱多	5. 提多迦	5. 提多迦
			6. 提多迦	6. 彌遮迦	6. 彌遮迦
			7. 彌遮迦	7. 婆須密	7. 婆須密
			8. 佛陀難提	8. 佛陀難提	8. 佛陀難提
			9. 佛陀密多	9. 伏馱密多	9. 伏馱密多
			10. 脅比丘	10. 脇尊者	10. 脇尊者
			11. 富那耶奢	11. 富那耶奢	11. 富那耶奢
			12. 馬鳴	12. 馬鳴	12. 馬鳴
			13. 毗羅	13. 毗羅	13. 毗羅
			14. 龍樹	14. 龍樹	14. 龍樹
			15. 迦那提婆	15. 迦那提婆	15. 迦那提婆
			16. 羅睺羅	16. 羅睺羅	16. 羅睺羅
			17. 僧伽難提	17. 僧伽難提	17. 僧伽難提
	18. 僧伽耶舍	18. 伽耶舍	18. 伽耶舍多		
			19. 鳩摩羅馱	19. 鳩摩羅多	19. 鳩摩羅多

續表3—1

傳法世系	禪史文獻				
	《楞伽師資記》	《傳法寶紀》	《歷代法寶記》	《寶林傳》	《祖堂集》
西天傳承			20. 闍夜多	20. 闍夜多	20. 闍夜多
			21. 婆修槃陀	21. 婆修盤頭	21. 婆修盤頭
			22. 摩奴羅	22. 摩拏羅	22. 摩拏羅
			23. 鶴勒那	23. 鶴勒	23. 鶴勒
			24. 師子比丘	24. 獅子比丘	24. 獅子
			25. 舍那婆斯	25. 婆舍斯多	25. 婆舍斯多
			26. 優婆掘	26. 不如密多	26. 不如密多
			27. 須密多	27. 般若多羅	27. 般若多羅
			28. 僧加羅叉		
東土傳承	1. 求那跋陀羅				
	2. 菩提達摩	1. 菩提達摩	29. 達摩多羅	28. 菩提達摩	28. 菩提達摩
	3. 慧可	2. 惠可	30. 慧可	29. 慧可	29. 慧可
	4. 僧璨	3. 僧璨	31. 僧璨	30. 僧燦	30. 僧璨
	5. 道信	4. 道信	32. 道信		31. 道信
	6. 弘忍	5. 弘忍	33. 弘忍		32. 弘忍
	7. 神秀、玄賾、老安	6. 法如	34. 慧能		33. 慧能
	8. 普寂、義福等	7. 神秀	35. 智詵		……
			36. 處寂		
			37. 無相		
			38. 無住		

　　由上表可知，禪宗的傳法體系分爲西天傳承和東土傳承。細加比對，不難發現以下幾點：

　　第一，《楞伽師資記》《傳法寶紀》無西天法統，僅記東土傳法；而《歷代法寶記》《寶林傳》《祖堂集》囊括西、東法統，西天初祖皆記爲"大迦葉"（又名摩訶迦葉），東土祖師則爲"菩提達摩"或"達摩多羅"，其中，後二者西天法統叙自七佛之始。

　　第二，西天法統中，除人名翻譯的差別外，法系大致相同，差異在於：《歷代法寶記》有"摩田提"且排位第三，《寶林傳》《祖堂集》所記法統則無，如此順進一位，至"彌遮迦"後增加"婆須密"，"佛陀難提"之後的次序相同，到第二十六祖時，《歷代法寶記》之"優婆掘""須密多""僧加羅叉"被《寶林傳》《祖堂集》換爲"不如密多""般若多羅"。由此，《寶林傳》《祖堂集》也就將《歷代法寶記》的二十九祖删減爲西天二十八祖法統傳承。

　　第三，東土法統中，皆推"菩提達摩"爲初祖，《楞伽師資記》在"菩提達摩"前增《楞伽經》的譯者"求那跋陀羅"，本質並無區別。各派法統之聚焦點在於五祖弘忍後的法系傳承，《楞伽師資記》記爲"神秀""普寂"等，《傳法寶紀》題"法如""神秀"，《歷代法寶記》書"慧能"並突出"智詵"到"無住"的四代保唐派傳承，《寶林傳》《祖堂集》同言"慧能"。

　　綜上，《楞伽師資記》《傳法寶紀》分別代表楞伽師、北宗的揚法大旗，《歷代法寶記》《寶林傳》《祖堂集》則代表南宗法系。各派不辭勞苦溯源法統，都是爲了力爭傳法正宗，爲本門"正名"，直接反映佛教傳入中國後其內部因時隨地地不斷分化和演變。《楞伽師資記》《傳法寶紀》《歷代法寶記》的先後亡佚表明楞伽師派、北宗、南宗保唐派逐漸淡出禪宗歷史舞臺，而《寶林傳》楷定的"二十八祖"及自"菩提達摩"到"慧能"的東土六祖説爲《祖堂集》《景德傳燈録》等承續，遠播後世，彰顯以慧能爲鼻祖之南宗的長久繁盛。

　　（三）"五家七宗"的確立

　　唐末五代時，禪宗發展進入鼎盛，至宋初，曹洞、雲門、法眼、臨濟和潙仰五宗業已形成，燈録的發展也進入興盛期，兩宋"五燈"盡出，蔚爲大觀，而燈録之法統書寫也有了新的突破。自《寶林傳》楷定法次，六祖慧能一脉益加興盛，成爲禪宗正傳，後世燈録莫不因襲。然《祖堂集》承前啓後，禪宗法統書寫又進入另一個階段，即承慧能法脉之餘緒，突出青原行思和南嶽懷讓兩系下的法系，劍指"五家七宗"之法統書寫。此一時期，各燈録法統書寫爲：

1. 静、筠二禪師的《祖堂集》。上始七佛，下至青原下七世和南嶽下六世。

2. 道原《景德傳燈録》。上始七佛，至大法眼之嗣。凡五十二世，一千七百一人。重點介紹青原下十一世和南嶽下九世。

3. 李遵勗《天聖廣燈録》。上自七佛之末釋迦牟尼佛，下至青原下十一世和南嶽下九世，增收了《景德傳燈録》所載人物的機緣語句及一些未收者。

4. 惟白《建中靖國續燈録》。上始釋迦牟尼，下達青原下十四世和南嶽下十五世，續輯了《景德傳燈録》所未收的若干世次和人物。

5. 悟明《聯燈會要》。上始七佛，下至青原下十五世和南嶽下十八世，爲北宋《景德傳燈録》《天聖廣燈録》《建中靖國續燈録》三燈之會要和補充。

6. 正受《嘉泰普燈録》。上自東土初祖菩提達摩，下至青原下十三世和南嶽下十七世，刪略了北宋三燈已載的一些人物，並增收未備的帝王、公卿、師尼、道俗等行事。

7. 普濟《五燈會元》。上始七佛，下至青原下十六世和南嶽下十七世。按照五宗（潙仰"南嶽下三世至八世"、法眼"青原下八世至十二世"、臨濟宗上—楊岐"南嶽下四世至十五世"、臨濟宗下—黃龍"南嶽下十一世至十七世"、曹洞"青原四世至十五世"、雲門"青原下六世至十六世"）二派（臨濟下之黃龍、楊岐派）分卷編録。

《祖堂集》承接了從"西天二十八祖"到菩提達摩再到慧能的法統框架，突出了青原行思和南嶽懷讓兩系。後經歷兩宋燈録持續的鞏固發展，至《五燈會元》，禪宗最終完成"五家七宗"的法統構建體系，後世法統無有出其軌轍者。燈録所載法統是禪宗各派鬥争的結果，輔閲《中國禪宗弘傳法脈簡表》，法統之演化則廓然無礙：

表 3—2　中國禪宗弘傳法脉簡表①

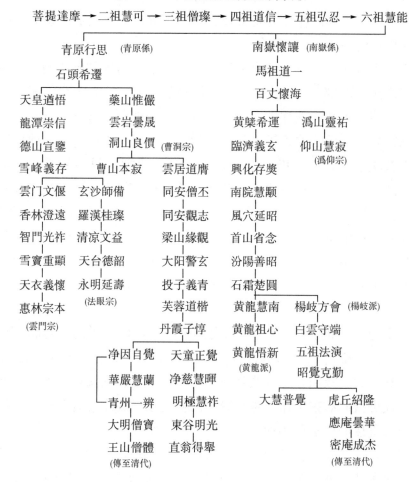

菩提達摩 → 二祖慧可 → 三祖僧璨 → 四祖道信 → 五祖弘忍 → 六祖慧能

青原行思（青原係）　　　南嶽懷讓（南嶽係）

石頭希遷　　　　　　　　馬祖道一

天皇道悟　　藥山惟儼　　　　百丈懷海

龍潭崇信　　雲岩曇晟　　黃檗希運　　潙山靈祐

德山宣鑒　　洞山良價（曹洞宗）　臨濟義玄　　仰山慧寂（潙仰宗）

雪峰義存　　曹山本寂　雲居道膺　興化存獎

雲門文偃　　玄沙師備　同安僧丕　南院慧顒

香林澄遠　　羅漢桂琛　同安觀志　風穴延昭

智門光祚　　清凉文益　梁山緣觀　首山省念

雪竇重顯　　天台德韶　大阳警玄　汾陽善昭

天衣義懷　　永明延壽（法眼宗）　投子義青　石霜楚圓

惠林宗本（雲門宗）　　芙蓉道楷　黃龍慧南　楊岐方會（楊岐派）

　丹霞子惇　黃龍祖心　白雲守端

净因自覺　天童正覺　黃龍悟新（黃龍派）　五祖法演

華嚴慧蘭　净慈慧暉　　　　　　　昭覺克勤

青州一辨　明極慧祚　大慧普覺　虎丘紹隆

大明僧寶　東谷明光　　　　　　　應庵曇華

王山僧體　直翁得舉　　　　　　　密庵成杰

（傳至清代）　　　　　　　　（傳至清代）

二、重視法統的原因及意義

"西天七佛二十八祖說的荒誕，顯而易見，無需詳考。古人有'數典忘祖'的諺語，禪宗有'數典造祖'的陋習。此土六祖和五家七宗，與西天祖系相比，有五十步與百步之差，同史實出入之大，同樣令人吃驚。"② 在不得已把禪宗流傳既今的法統當作一種歷史時，設若我們一

---

①　蔡日新：《五家禪源流》，蘭州：甘肅民族出版社，2009 年版，第 543 頁。

②　杜繼文、魏道儒：《中國禪宗通史》，南京：江蘇古籍出版社，1993 年版，導言，第 21 頁。

味考訂真偽，恐怕將徒勞無功。其實，僧俗界已廣泛接受了既成之法統，這種法統書寫的作偽之動機及其現實意義反倒有助於我們認識禪宗歷史和燈錄的發展。

佛家重視法統之風並非由來如此。在印度，對佛陀佛法的不同理解衍生了部派，而部派往往只重視學説異同，甚少言及師承關係。在中土，佛法傳入之初，翻譯佛典大量出現，信徒則根據自身情況講授和尊奉不同經典，於佛法的理解也就不盡相同，形成了不同學派，此與印度部派佛教趨近，其焦點仍爲學説異同，對法統師承並不甚關注。隋唐後，宗派意識凸顯，重視法統之風才日益盛行。禪宗從淡漠法統到重視法統的轉型催生了燈錄的發展，也潛藏著禪門“許多不得已的苦衷”①。概括起來，禪宗重視法統書寫的原因主要有如下幾個方面：

其一，受中土重視歷史傳統的影響。中國是一個史學發達的國度，自古就有重視記載歷史的傳統。據記載周代朝廷設有左、右史官，《禮記·玉藻》云：“動則左史書之，言則右史書之。”此外還有“左史記言，右史記事”②的相反説法。“以史爲鑒”是我們常説的一句話，重視歷史是爲使當權者“所以慎言行，昭法式也”③，以便於後人從歷史中汲取經驗教訓。故而，每逢改朝易代，統治者必投入大量的人力、物力進行前代史書的編撰工作。重視歷史的傳統浸潤在中土各階層中，給了佛家禪宗直接的啓示和影響。

其二，受門閥制度和譜牒之學的影響。東漢末，門閥地主逐漸形成，至曹魏時，九品中正制的施行使得門閥制度大顯，門第成爲選官、品人、聯姻的主要依據。伴隨門閥制度的發達，譜牒之學亦大興。隋唐廢九品中正制、興科舉，門閥制度雖相對式微，但譜牒之學依舊大行其道。唐代統治者一再頒發族志、姓氏譜，都是爲了門閥士族的需要，這種現實很自然地影响到佛教：與門閥制度和譜牒之學相呼應，獲取譜

①　杜繼文、魏道儒：《中國禪宗通史》，南京：江蘇古籍出版社，1993 年版，導言，第 21 頁。

②　［漢］班固撰，［唐］顏師古注：《漢書》（第 6 册），北京：中華書局，1962 年版，第 1715 頁。

③　［漢］班固撰，［唐］顏師古注：《漢書》（第 6 册），北京：中華書局，1962 年版，第 1715 頁。

牒、重視法統成爲佛家發展的必需。

其三，適應宗派鬥争和尋求支持的需要。禪宗重視法統書寫最根本和直接的原因，在於適應宗派鬥争和尋求社會各階層的支持。需要在宗派鬥争和尋求支持中獲勝，重視法統必不可少。法統又催生了燈録之作並成爲燈録記載的核心，二者本就有著遞進包含的關係，因此其成因相類，本質都是由禪宗求生存和發展的特殊任務決定的。杜繼文等於此有精練的論述：

> 任何一個新派的産生，只要是來自民間，首先要求得官方的承認，争取國家的支持，爲此，它必須證明它是來自正傳，屬於正宗（官方認可和扶植者）；與此同時，也要向社會和其他宗派證明，它的教義和宗系，不是非佛的，而是佛的另一種法統。前者是炮製中土血脉的主因，後者是炮製西土血脉的主因。[①]

禪宗從中土史學中汲取養料，又與魏晉時盛行的門閥制度和譜牒之學緊密呼應，在宗派鬥争和尋求支持中積極書寫自身法統傳承，燈録肆漫、法統完備，成爲禪門發展獨有之風景。

重視法統的書寫對禪宗的發展有著重要的意義。直接來看，重視法統促使禪宗燈録作品大量問世，自唐中後期的《楞伽師資記》《傳法寶紀》到五代的《祖堂集》，再到宋代的《景德傳燈録》，重視法統之風從未停歇，而是愈演愈烈。同時，燈録的傳世又化解了禪宗“不立文字”“直指人心”的教法言説的窘境，因爲禪門雖講心法相印、修行解脱，但要宣揚正統、求得信衆、擴大影響，還需“不離文字”，燈録在一定程度上滿足了這種需求。間接來説，重視法統爲禪門樹立了旗幟，在宗派鬥争中贏得了致勝砝碼，從而使禪宗得到社會各階層的深切認同，成爲名副其實的佛門顯宗。總之，無論是直接方面還是間接方面，重視法統書寫之風最終都指向了禪宗的長足發展，其意義不可謂不巨、不可謂不深。

---

① 杜繼文、魏道儒：《中國禪宗通史》，南京：江蘇古籍出版社，1993 年版，導言，第 22 頁。

第二節　内容書寫

禪宗"本初自謂直指人心、不立文字，今四燈總一百二十卷，數千萬言，乃正不離文字耳"①，蓋因不尊奉經典，前代祖師之言語事迹深深地吸引了後學，常爲他們所樂道、參習，禪門語録和燈録等文體遂大興。然而，言語事迹流傳既久，失真去實之事在所難免，禪宗祖師的事迹往往被重新書寫，增加、縮減、改寫之情況無一不有。此中禪師們大顯其能，他們不僅是語言言説的大師，而且還多爲文字書寫的好手，以絲毫不亞於正統文人的寫作才能，給燈録的内容平添了無限精彩。

一、疊加型

祖師的言語事迹在後世流傳中被層層疊加，前後内容情節出入甚大。兹擇舉慧能與德山二禪師菩提路爲例。

（一）慧能菩提

關於六祖慧能的菩提路，歷來奇聞四起，莫衷一是，然其菩提因緣在歷史的流傳中數次被改寫、疊加，則是毋庸置疑的。以慧能在禮遇五祖弘忍前之事迹爲例，《歷代法寶記》《祖堂集》《景德傳燈録》《天聖廣燈録》《嘉泰普燈録》《五燈會元》諸燈録對其描寫各不相同，製表如下（见表 3—3）：

表 3—3

書名	内容書寫
《歷代法寶記》	唐朝第六祖韶州漕溪能禪師，俗姓盧，范陽人也。隨父宦嶺外居新州，年二十二，來至憑茂山，禮忍大師。

---

① 陳振孫撰、徐小蠻等點校：《直齋書録解題》，上海：上海古籍出版社，1987年版，第 358 頁。

書名	内容書寫
《祖堂集》	第三十三祖惠能和尚，即唐土六祖，俗姓盧，新州人也。父名行瑫，本貫范陽，移居新州。父早亡，母親在孤，艱辛貧之，能市買柴供給。◎①偶一日，買柴次，有客姓安名道誠，欲買能柴，其價相當。送將至店，道誠與他柴價錢。惠能得錢，却出門前，忽聞道誠念《金剛經》，惠能亦聞，心開便悟。惠能遂問：“郎官，此事何經?”道誠云：“此是《金剛經》。”惠能云：“從何而來讀此經典?”道誠云：“我於蘄州黃梅縣東憑母山禮拜第五祖弘忍大師，今現在彼山説法，門人一千餘衆。我於此處聽受。大師勸道俗受持此經，即得見性，真了成佛。”惠能聞説，宿業有緣。其時道誠勸惠能往黃梅山，禮拜五祖。惠能報云：“緣有老母，家乏欠闕，如何抛母，無人供給。”其道誠遂與惠能銀一百兩，以充老母衣糧，便令惠能往去禮拜五祖大師。惠能領得其銀，吩咐安排老母訖，便辭母親。（卷二）
《景德傳燈録》	第三十三祖慧能大師者，俗姓盧氏，其先范陽人。父行瑫，武德中左宦於南海，之新州遂占籍焉。三歲喪父，其母守志鞠養。◎及長，家尤貧窶，師樵采以給。一日負薪至市中，聞客讀《金剛經》，悚然問其客曰：“此何法也? 得於何人?”客曰：“此名《金剛經》，得於黃梅忍大師。”師遽告其母以爲法尋師之意，直抵韶州。◎遇高行士劉志略結爲交友，尼無盡藏者，即志略之姑也，常讀《涅槃經》，師暫聽之即爲解説其義。尼遂執卷問字，師曰：“字即不識，義即請問。”尼曰：“字尚不識，曷能會義?”師曰：“諸佛妙理，非關文字。”尼驚異之，告鄉里耆艾云：“能是有道之人，宜請供養。”於是居人競來瞻禮。有寶林古寺舊地，衆議營緝俾師居之，四衆霧集，俄成寶坊。師一日忽自念曰：“我求大法，豈可中道而止? 明日遂行。”◎至昌樂縣西山石室間，遇智遠禪師。師遂請益，遠曰：“觀子神姿爽拔，殆非常人。吾聞西域菩提達磨，傳心印於黃梅，汝當往彼參決。”師辭去，直造黃梅之東禪。（卷五）

----

　　① 注：“◎”及下之“＿”等爲層次標識符，協便論述。後不贅述。

續表3—3

書名	内容書寫
《天聖廣燈録》	俗姓盧氏，其先范陽人。父行瑫，武德中，左宦於南海之新州，遂占籍焉。三歲喪父，其母守志鞠養。◎及長，家尤貧窶，師樵采以給。一日，負薪至市，聞客讀《金剛經》，至"應無所住而生其心"，有所感寤，而問曰："此何法也？得於何人？"客曰："此名《金剛經》，得於黄梅。"師遽告其母以爲法尋師之意，直抵韶州。◎遇高行士劉志略，結爲交友。尼無盡藏者，即志略之姑也，常讀《涅槃經》。師暫聽之，即爲解説其義。尼遂執卷問字，師曰："字即不識，義即請問。"尼曰："字尚不識，焉能會義？"師曰："諸佛妙理，非關文字。"尼驚異之，告鄉人云："能是有道之人，宜請瞻禮。"近有寶林古寺舊地，可完緝，延師居之，四衆霧集，俄成寶坊。師一日自念曰："我求大法，豈可中道而止？"◎遂至昌樂縣西山石室間，遇智遠禪師。今遂請益，遠曰："觀子神機爽拔，殆非常人。吾聞西域菩提達磨，傳心印於黄梅，汝當往彼參決。"師辭去，造黄梅之東山。（卷七）
《嘉泰普燈録》	盧氏子，父行瑫。本范陽人也。武德三年，左宦新州。正觀十二年戊戌二月八日夜子時誕，質祥光滿室。父亡三歲，家貧，母李氏徙居南海。◎既長，市薪爲養。一日，至邸，聞誦《金剛經》，至"應無所住而生其心"，豁然開悟。歸，告母以爲法尋師之意，遂往韶州。◎遇高行士劉志略，結爲友，及爲尼無盡藏説涅槃妙理。延居寶林寺，四衆雲集，俄成寶坊。忽自念曰："我求大法，豈中道而止耶？"◎即抵西山之石室，遇智達禪師，指見黄梅大滿和尚。（卷一）
《五燈會元》	俗姓盧氏，其先范陽人。父行瑫，武德中，左官於南海之新州，遂占籍焉。三歲喪父，其母守志鞠養。◎及長，家尤貧窶，師樵采以給。一日，負薪至市中，聞客讀《金剛經》，至"應無所住而生其心"，有所感悟，而問客曰："此何法也？得於何人？"客曰："此名《金剛經》，得於黄梅忍大師。"祖遽告其母以爲法尋師之意，直抵韶州。◎遇高行士劉志略，結爲交友。尼無盡藏者，即志略之姑也，常讀《涅槃經》，師暫聽之，即爲解説其義，尼遂執卷問字，祖曰："字即不識，義即請問。"尼曰："字尚不識，曷能會義？"祖曰："諸佛妙理，非關文字。"尼驚異之，告鄉里耆艾曰："能是有道之人，宜請供養。"於是居人競來瞻禮。近有寶林古寺舊地，衆議營緝，俾祖居之，四衆霧集，俄成寶坊。祖一日忽自念曰："我求大法，豈可中道而止？明日遂行。"◎至昌樂縣西山石室間，遇智遠禪師。祖遂請益，遠曰："觀子神姿爽拔，殆非常人。吾聞西域菩提達磨傳心印於黄梅，汝當往彼參決。"祖辭去，直造黄梅之東山。（卷一）

　　參閱上表，各燈録對慧能在"直造黃梅之東山"前的書寫大相径庭。《歷代法寶記》中僅簡單勾勒慧（惠）能之家庭概況；至《祖堂集》，增加了"慧能聞客誦《金剛經》有所悟，則辭母求法"的情節；到《景德傳燈録》中又疊加了兩項内容，即"韶州遇志略，並與略之姑尼對答《涅槃經》，贏得居人競來瞻禮"和"昌樂西山石室遇智遠禪師，得其指參"，後之《天聖廣燈録》《嘉泰普燈録》《五燈會元》皆續承《景德傳燈録》的書寫，只是詳略有别。因此，今日所見之慧能故事非一朝一夕編定，而是在歷史的逐次疊加和不斷書寫中完成的。

（二）德山菩提

　　德山宣鑒禪師由西蜀往謁龍潭之路，從《祖堂集》到《五燈會元》"越走越漫長"，其歷程如下（見表3－4）：

表3－4

書名	内容書寫
《祖堂集》	德山和尚，嗣龍潭，在朗州。師諱宣鑒，姓周，劍南西川人也。生不熏食，幼而敏焉，丱歲從師，依年受具。毗尼勝藏，靡不精研；解脱相宗，獨探其妙。每曰："一毛吞巨海，海性無虧；纖芥投針鋒，鋒利不動。然學與非學，唯我知焉。"遂雲游海内，訪謁宗師，凡至擊揚，皆非郢哲。後聞龍潭則石頭之二葉，乃攝衣而往焉。（卷五）
《景德傳燈録》	朗州德山宣鑒禪師，劍南人也，姓周氏。丱歲出家，依年受具。精究律藏，於性相諸經貫通旨趣，常講金剛般若，時謂之周金剛。厥後訪尋禪宗，因謂同學曰："一毛吞海，海性無虧；纖芥投鋒，鋒利不動。學與無學，唯我知焉。"因造龍潭信禪師。（卷十五）
《碧岩録》	德山本是講僧，在西蜀講《金剛經》，因教中道，金剛喻定。後得智中，千劫學佛威儀，萬劫學佛細行，然後成佛。◎他南方魔子，便説即心是佛，遂發憤。擔疏鈔行脚，直往南方，破這魔子輩，看他恁麼發憤，也是個猛利底漢。◎初到澧州，路上見一婆子賣油糍，遂放下疏鈔，且買點心吃。婆云："所載者是什麼？"德山云："《金剛經疏鈔》。"婆云："我有一問，爾若答得，布施油糍作點心；若答不得，别處買去。"德山云："但問。"婆云："《金剛經》云：'過去心不可得，現在心不可得，未來心不可得。'上座欲點那個心？"山無語，婆遂指令去參龍潭。（卷一）

續表3—4

書名	内容書寫
《五燈會元》	簡州周氏子。丱歲出家，依年受具。精究律藏，於性相諸經，貫通旨趣，常講金剛般若，時謂之周金剛。嘗謂同學曰："一毛吞海，海性無虧；纖芥投鋒，鋒利不動。學與無學，唯我知焉。"◎後聞南方禪席頗盛，師氣不平，乃曰："出家兒千劫學佛威儀，萬劫學佛細行，不得成佛。南方魔子敢言直指人心，見性成佛，我當搜其窟穴、滅其種類，以報佛恩。"遂擔青龍疏鈔出蜀。◎至澧陽路上，見一婆子賣餅，因息肩買餅點心。婆指擔曰："這個是甚麼文字？"師曰："青龍疏鈔。"婆曰："講何經？"師曰："《金剛經》。"婆曰："我有一問，你若答得，施與點心；若答不得，且別處去。《金剛經》道：'過去心不可得，現在心不可得，未來心不可得。'未審上座點那個心？"師無語，遂往龍潭。（卷七）

顯然，《祖堂集》中，德山只是一個解説相宗的慧敏僧人，後雲遊而參龍潭。至《景德傳燈録》中，德山解説相宗有了落脚點，那就是禪宗慧能所推崇的《金剛經》，因此其被稱爲"周金剛"。然而到了《五燈會元》，德山不僅因講《金剛經》聞名，而且對其出蜀的因緣也有了交代——因對南方禪席之頓盛感到不平，於是"擔青龍疏鈔出蜀"，同時加入了宣鑒禪師"在澧陽路上遇賣餅婆子，與其禪機對答，並得指引往參龍潭"的新内容。檢閲禪宗文獻，大致從佛果圓悟禪師之《碧巖録》開始，新的内容就已經成型，燈録體的創作同各佛家文獻相互引用和延伸的事實也可見一斑。由此，德山從西蜀出川到禮遇信禪師的情節不斷增加，其菩提路越走越漫長。類似的書寫在燈録中比比皆是，此不一一列舉。

疊加型是燈録書寫的主要方法之一，其總體趨勢和規律就是由"簡"到"繁"、從"無"至"有"。從閲讀的角度來講，疊加型的書寫讓燈録的故事性逐漸增强，禪師們的菩提因緣路也就更加形象可觀。

二、删减型

與疊加型相左，許多高僧的事迹在傳寫中不斷被删减、省略或者改寫，後出之燈録描寫反而較前更爲簡略，希運和丹霞二禪師便是其中的明例。

（一）希運

黃蘖希運嗣百丈淮海禪師，爲南嶽下第三世。在其造百丈之前，薄遊上都，曾因一老婦指點而受啓發，《祖堂集》對這一情節有詳細的記述，然到後期《景德傳燈録》《聯燈會要》等中漸趨簡省，殊值一觀（見表 3-5）：

表 3-5

書目	内容書寫
《祖堂集》	後遊上都，因行分衛而造一門，云：“家常。”屏後有老女云：“和尚太無厭生！”師聞其言異，探而拔之，云：“餕猶未得，何責無餤？”女云：“只這個，豈不是無餤？”師聞，駐而微笑。阿婆睹師容儀堂堂，特異常僧，遂命入内，供以齋。食畢，詢問參學行止。師不能隱，竭露見知。阿婆提以再舉微開，師則玄門頓而蕩豁。師重致以謝，擬欲師承。阿婆曰：“吾是五障之身，故非法器。吾聞江西有百丈大師，禪林郢匠，特秀群峰，師可詣彼參承。所貴他日爲人天師，法不輕來耳。”後人傳説，此婆少年曾參見眾國師也。（卷十六）
《景德傳燈録》	師後遊京師，因人啓發，乃往參百丈。（卷九）
《聯燈會要》	師初到洛京，行乞。吟添鉢聲，有一嫗，出棘扉間云：“太無厭生！”師云：“汝猶未施，責我無厭，何耶？”嫗笑而掩扉。師異之，進而與語，多所發藥，須臾辭去。嫗告之曰：“可往南昌，見馬大師去。”師至南昌，大師已遷寂。（卷七）

關於希運遊上都之因緣，《宋高僧傳》中亦有記載，可對參審閱。《宋高僧傳》卷二十《唐洪州黃蘖山希運傳》言：

　　及薄遊京闕，分衛及一家門。屏樹之後聞一姥曰：“太無厭乎！”運曰：“主不恩賓，何無厭之有？”姥召入施食訖。姥曰：“五障之身忝，嘗禮惠忠國師來，勸師可往尋百丈山禪師。”[1]

較之《祖堂集》，即便是叙述相同的内容，《宋高僧傳》的文字描寫已經有簡略的趨勢。這種簡省的趨勢在《景德傳燈録》中尤其明顯，寥寥十餘字就概括殆盡，若不是今日《祖堂集》得以問世，希運“薄遊京闕”之

---

　　① ［宋］贊寧撰，范祥雍點校：《宋高僧傳》，北京：中華書局，1987 年版，第528 頁。

内容細節恐怕就不得而知了。《聯燈會要》與《宋高僧傳》的省略程度大抵相似，不過其與《祖堂集》和《宋高僧傳》相比，除内容的删減外，還有較大的改寫，那就是：老婦告勸希運禮拜的不再是百丈大師，而是馬大師，後又有"師至南昌，馬大師已遷寂"之語，才又回到造百丈大師的菩提路上。所以，内容書寫的增删和改寫往往不是孤立的，此不可不察。

（二）丹霞

丹霞天然禪師勤修儒業，立志入仕，與龐居士同進京求選，却陰差陽錯走上了佛法菩提之路。此間的因緣各燈録自有叙述（見表3—6）：

表 3—6

書目	内容書寫
《祖堂集》	少親儒、墨，業洞九經。初，與龐居士同慮入京求選，因在漢南道寄宿次，忽夜夢白光滿室。有鑒者云："此是解空之祥也。"◎又逢行脚僧，與喫茶次，僧云："秀才去何處？"對曰："求選官去。"僧云："可惜許功夫？何不選佛去？"秀才曰："佛當何處選？"其僧提起茶垸曰："會摩？"秀才曰："未測高旨。"僧曰："若然者，江西馬祖今現住世說法，悟道者不可勝記，彼是真選佛之處。"二人宿根猛利，遂返秦遊而造大寂。（卷四）
《景德傳燈録》	初習儒學，將入長安應舉。方宿於逆旅，忽夢白光滿室。占者曰："解空之祥也。"◎偶一禪客問曰："仁者何往？"曰："選官去。"禪客曰："選官何如選佛。"曰："選佛當往何所？"禪客曰："今江西馬大師出世，是選佛之場，仁者可往。"遂直造江西。（卷十四）
《聯燈會要》	初習儒業，入長安應舉。◎遇一禪者，問："仁者何往？"師云："選官去。"禪者云："選官何如選佛。"師云："選佛當何所詣？"禪者云："江西馬大師，是選佛之場，仁者可往。"師徑造江西。（卷十九）
《五燈會元》	本習儒業，將入長安應舉。方宿於逆旅，忽夢白光滿室，占者曰："解空之祥也。"◎偶禪者問曰："仁者何往？"曰："選官去。"禪者曰："選官何如選佛。"曰："選佛當往何所？"禪者曰："今江西馬大師出世，是選佛之場，仁者可往。"遂直造江西。（卷五）

從中可以看出後出之《景德傳燈録》《聯燈會要》《五燈會元》對《祖堂集》有明顯的删減，如省去"與龐居士同慮入京求選"的情景交代，略掉同禪客（或行脚僧）"與喫茶次"，以及以茶垸禪意對答的語句等，這種增删不僅僅是文字的縮減，還構建了語言故事情景的變化，與

疊加型的書寫不同。

總體來講，删减型的書寫主要表現在兩個方面：一是字數簡略，即後出之燈録於同一個禪師事迹的描寫有明顯的字數縮減；二是情節的删减，即對某一禪師確定性的情節進行删减甚至改變。其趨勢是由"繁"至"簡"，由"有"到"無"。

三、潤色型

與任何文學創作相似，燈録雖大都出自禪門之徒，然每一位撰寫者的秉性學識、佛法修爲、人生閱歷等各異，這就使得燈録的書寫具有很大的主觀性，後來者自當不會停留於對先前文本的原樣摘抄，即使是同樣的内容，書寫也或多或少存有差異。其實，後出之燈録通常都是在前人文本基礎之上增删、修訂、潤色而成，新的書寫與創作必然帶著潤色之痕迹。藥山和隱峰一出，拙言自明。

（一）藥山和尚

李翱爲有唐一代知名文人和哲學家，同時官居朝位，喜涉佛法，有很高的造詣。他與藥山和尚有一席著名的問答之語（見表3-7）：

表 3-7

書目	内容書寫
《祖堂集》	李翱相公來見和尚。和尚看經次，殊不采顧。相公不肯禮拜，乃發輕言："見面不如千里聞名。"師召相公，相公應諾。師曰："何得貴耳而賤目乎？"相公便禮拜，起來申問："如何是道？"師指天，又指瓶曰："云在青天水在瓶。"相公禮拜。（卷四）
《景德傳燈録》	朗州刺史李翱嚮師玄化，屢請不起，乃躬入山謁之。師執經卷，不顧。侍者白曰："太守在此。"翱性褊急，乃言："見面不如聞名。"師呼太守，翱應諾，師曰："何得貴耳賤目？"翱拱手謝之。問曰："如何是道？"師以手指上、下曰："會麼？"翱曰："不會。"師曰："雲在天，水在瓶。"翱乃欣愜作禮。（卷十四）
《五燈會元》	嚮藥山玄化，屢請不赴，乃躬謁之。山執經卷，不顧。侍者曰："太守在此。"守性褊急，乃曰："見面不如聞名。"拂袖便出。山曰："太守何得貴耳賤目？"守回拱謝。問曰："如何是道？"山以手指上、下，曰："會麼？"守曰："不會。"山曰："雲在青天水在瓶。"守忻愜作禮。（卷五）

　　《祖堂集》《景德傳燈録》及《五燈會元》關於李翱禮拜藥山和尚的描寫並無諸多差異。不過，若細細咀嚼當中的語言文字，則可以發現後出之《景德傳燈録》《五燈會元》描寫更豐富生動。如《祖堂集》中寫李翱對藥山不理睬自己的回應是“發輕言”，《景德傳燈録》《五燈會元》書寫爲“侍者白曰：‘太守在此。’守性褊急，乃曰”，二者都是要描寫翱之性格直率鋭急，但顯然後者更加豐富具體，而且還加上了侍者話語的情景烘托，逼真地重現了對話場景。又，“相公禮拜”四字在《景德傳燈録》《五燈會元》中被潤色成“翱（守）乃欣惬作禮”，李翱問道後的喜悦之情躍然紙上，從而顯得生動傳神，富於文學性。

　　（二）隱峰和尚

　　鄧隱峰嗣馬祖，爲南嶽下第二世，是禪宗裏面很有個性的一個和尚，其“倒立而死”之奇特也令俗人瞠目結舌（見表3-8）：

表 3-8

書目	内容書寫
《祖堂集》	師因行至五臺山。金剛窟前，倒立而逝。眾妙聖窟，擬易處茶毗，竟莫能動。先有親妹出家爲尼在彼，及諝其兄行迹，遂進前呵云：“師兄平生爲人不依法律，死後亦不能徇於世情！”以手推倒。眾獲闍維，塔於北臺之頂。（卷十五）
《宋高僧傳》	既而遊遍靈迹。忽於金剛窟前倒立而死，亭亭然其直如植。時議靈穴之前當舁就爇，屹定如山並力不動。遠近瞻睹，驚嘆希奇。峰有妹爲尼，入五臺瞋目咄之曰：“老兄疇昔爲不循法律，死且熒惑於人。時眾已知，妹雖骨肉，豈敢攜貳，請從恒度。”以手輕攘，償然而仆。遂茶毗之，收舍利入塔。（卷二十一）
《景德傳燈録》	師既顯神異，慮成惑眾，遂入五臺。於金剛窟前將示滅。先問眾云：“諸方遷化，坐去、臥去吾嘗見之，還有立化也無？”眾云：“有也。”師云：“還有倒立者否？”眾云：“未嘗見有。”師乃倒立而化，亭亭然其衣順體。時眾議舁就茶毗，屹然不動，遠近瞻視，驚嘆無已。師有妹爲尼，時在彼，乃俯近而咄曰：“老兄疇昔不循法津，死更熒惑於人。”於是以手推之，償然而踣。遂就闍維，收舍利入塔。（卷八）

續表3—8

書目	内容書寫
《五燈會元》	師既顯神异，慮成惑眾，遂入五臺。於金剛窟前將示滅。先問眾曰："諸方遷化，坐去、卧去吾嘗見之，還有立化也無？"曰："有。"師曰："還有倒立者否？"曰："未嘗見有。"師乃倒立而化，亭亭然其衣順體。時眾議舁就茶毗，屹然不動，遠近瞻睹，驚嘆無已。師有妹爲尼，時亦在彼，乃拊而咄曰："老兄疇昔不循法律，死更熒惑於人。"於是以手推之，儥然而踣。遂就闍維，收舍利建塔。（卷三）

　　比之《祖堂集》，《景德傳燈錄》《五燈會元》對隱峰倒立而死的描寫基本類似，僅增加了"先問眾"的情節，《宋高僧傳》中亦有細緻描寫，共錄而閱之。隱峰立化後，《景德傳燈錄》等晚出燈錄加上"遠近瞻睹，驚嘆無已"之語，從側面烘托出其死之奇特，給人更加深刻的直觀感悟。而"以手推之，儥然而踣"替代"以手推倒"等書寫，潤色明顯，文學味愈濃。

　　潤色型書寫從本質上來說是一種再創作，是燈錄文學性的重要體現。此一點在後文還將詳細論述。

　　除以上談及的例證外，各燈錄中還可挖掘出不勝枚舉的疊加、删減、潤色之事例，它們共同構成了禪宗燈錄真假夾雜、是非難辨的内容書寫。總體而言，疊加型和潤色型書寫是主體，删減型次之，因此，燈錄的發展呈現出從簡單到繁雜，由闕如到圓滿之過程。換言之，燈錄中禪師的事迹被逐次書寫後，其層次越來越多，情節構成日益圓滿，但圓滿中往往伴隨著虛妄。任繼愈在給洪修平《禪宗的形成及其初期思想研究》一書所作的序中指出："我們不能用宗教説明歷史，應當用歷史説明宗教。"[1] 或許這個原則就是最好的答案：拋開燈錄法統及其内容書寫背後的種種真實與虛妄，代之以歷史的眼光來審視這種書寫的歷史必然和現實意義，從而穿透真假交織的迷霧，抵達燈錄内在明媚的無限風光。

---

① 任繼愈：《〈禪宗的形成及其初期思想研究〉序》，載於《哲學研究》，1989 年第 11 期，第 54 頁。

第四章　唐宋燈録的文學性

　　有目共睹，佛教對魏晉及其之後的中國文學産生了深遠之影響。然而，佛教文獻本身的文學性似乎長期爲學界所忽視，處於相對邊緣化的位置。其實，無論是早期的翻譯，還是後期的創作，佛教文本都是我國文學的一面鮮紅耀眼的旗幟，於結構體裁、叙事藝術、語言特色等無不有相當的啓示和貢獻，表現出了很高的文學性。此一點上，燈録就有著極强的説服力。簡括起來，造就禪宗燈録富含文學性的主要因子有二：一是良好的時代環境，二是高素質的創作隊伍。唐宋文體眾備，傳奇、散文等文學體裁得到了長足發展，詩詞更是呈現出高度繁榮，這就爲燈録的創作和發展提供了良好的外部環境。同時，諸如馬祖道一、龐居士、丹霞天然、清凉文益等一大批具有深厚儒學修養的僧人團體與時推移、口吐珠璣、智慧無限，加上後之編輯者及其官方文人等的修訂潤色，使得燈録沾染了唐宋文學的光彩。當然，歸根結底，禪宗爲衛佛護教、弘揚宗法之内在推動力，讓燈録在入鄉隨俗的"中國化"進程里熠熠生輝。

　　燈録有記事和記言兩類。其記事如僧傳，記言類語録，却又標新立異、自成體系。關於燈録同僧傳和語録文體之區別，第一章已詳盡論述。然拋開宗派限制和法統書寫，就單篇禪師的記載來看，燈録則兼取僧傳和語録而異之。正如有學者指出的：

　　　　燈録所記的人物，其開頭部分和末尾部分接近於僧傳的寫法，如初首介紹人物的籍貫、俗姓、出家、受學經過等，末尾叙述他的卒時、世壽、僧臘（受具足戒以後的年齡）、謚號、塔名等；其中間部分又接近於語録，主要是人物的言語，而且分量極大。然而，與僧傳相比，燈録載録的人物行迹較爲簡略粗疏；與語録相比，它所摘取的僅是人物機語中有代表性的那些段落，也就是説，只是一個禪師語録中的一小部分。①

所以，具體到某一禪師的記載，燈録有記事和記言兩類，二者各揚其能，相互促進，共同構建了禪宗燈録別樣的文學性。本章就此兩類分而論之。

第一節　燈録之叙事

燈録雖以記法統和言語爲主體，但也不乏對禪師事迹之記載。事實上，燈録中每一則有關禪師言語的記載都是用禪師自身事迹來串聯講述的，這種記載通常不僅涉及禪師之出生、求法因緣、封號、入滅諸事，而且用很大的篇幅來記録禪師之生平故事。同時，禪師在講經論法中也經常引入故事，以便生動、準確、全面地闡釋佛法大義。示法故事和傳主故事組成了燈録記事内容的全部，並在禪宗的靈性生機及其宗教神異的色彩下顯示了相當高的叙事藝術。

一、故事内容

燈録所記之故事包羅萬象，然細加斟酌，其内容不出兩類：一是記傳主之事迹，二是示佛法之大義。前者自當爲記事的重中之重，後者散列其中，亦不可不察。以下分而述之。

（一）記傳主事迹

記傳主事迹是燈録記事的主要内容，一般涉及禪師的家道出身、求法因緣、生平事迹、封號、入滅等諸要素。以道欽禪師之事迹爲例：

---

① 陳士强：《大藏經總目提要·文史藏一》，上海：上海古籍出版社，2008 年版，第 498 頁。

蘇州昆山人也，姓朱氏。初服膺儒教，年二十八，遇素禪師。謂之曰："觀子神氣温粹，真法實也。"師感悟，因求爲弟子。素躬與落髮，乃戒之曰："汝乘流而行，逢徑即止。"師遂南邁。抵臨安，見東北一山，因問樵者。樵曰："此徑山也。"乃駐錫焉。僧問："如何是道?"師曰："山上有鯉魚，海底有蓬塵。"馬祖令人送書到，書中作一圓相，師發緘，於圓相中著一點，却封回，問："如何是祖師西來意?"師曰："汝問不當。"曰："如何得當?"師曰："待吾滅後，即向汝説。"馬祖令智藏來問："十二時中以何爲境?"師曰："待汝回去時有信。"藏曰："如今便回去。"師曰："傳語却須問取曹溪。"崔趙公問："弟子今欲出家，得否?"師曰："出家乃大丈夫事，非將相之所能爲。"公於是有省。唐大曆三年，代宗詔至闕下，親加瞻禮。一日，同忠國師在内庭坐次，見帝駕來，師起立。帝曰："師何以起?"師曰："檀越何得向四威儀中見貧道。"帝悦，謂國師曰："欲錫欽師一名。"國師欣然奉詔，乃賜號國一焉。後辭歸本山。於貞元八年十二月示疾，説法而逝。謚大覺禪師。①

不難看出，開篇部分記述道欽的家境、出身及其遇素禪師的求法因緣，末尾記其示疾入滅和封"大覺禪師"之事，中間則爲道欽的生平故事與言語珠璣。這種首尾記家道出身、求法因緣、入滅和封號等而中間叙故事經歷、言語備録的結構，也是燈録中最典型和相對完整的記述方式，此限於篇幅，不贅舉。當然，不是所有的記載都遵循這種典型的叙事結構，很多的禪師記載顯得極爲簡單，如：

陳州石鏡和尚。僧問："石鏡不磨還照也無?"師曰："前生是因，今生是果。"②

---

① 《五燈會元》卷二《杭州徑山道欽禪師》，《卍新纂續藏經》第 80 册，第 50 頁下欄。

② 《景德传灯録》卷二十三《前洪州鳳栖山同安威禪師法嗣》，第 396 頁上欄。

又如：

> 僧問："如何是佛？"師云："即汝是。"云："如何領會？"師云："更嫌鉢盂無柄那。"①

此處記石鏡和尚和智洪禪師之事皆寥寥數句，僅截取了禪師的對話，而家道生平、求法因緣、入滅等俱略去，這種描寫更像是語録的慣用手法，由此也有助於深入理解燈録和語録之間的密切關係。值得一提的是，燈録中省略記載的多是"無名"之人，對於禪家推崇和有盛名的禪師則記録翔實、篇章宏闊、結構完整。

（二）示佛法大義

傳主事迹之外，燈録中還有一類記事潛藏在佛法的開示和講授中。此種記事下，禪師以講故事的形式來闡明佛法大義，以求聽眾能够主動、全面和準確地領悟佛法，姑舉一例：

> 昔有一人，因行失路，宿一空屋中。夜有一鬼，負一死尸至。續有一鬼來云："是我尸。"前鬼云："我在彼處將來。"後鬼强力奪之。前鬼云："此中有客子可證。"二鬼近前云："此尸是誰將來？"客子思惟道，二鬼皆惡，必有一損我，我聞臨死不妄語者，必生天上，遂指前鬼曰："是這鬼將來。"後鬼大怒，拔去客子四肢。前鬼愧謝曰："你爲我一言之證，令你肢體不全。"遂將死尸一一補却。頭首心腹又被後鬼所取，前鬼復一一以尸補之。二鬼遂於地爭食其肉净盡而去。於是客子眼前見父母身體已爲二鬼所食，却觀所易之身復是何物，是我耶？非我耶？有耶？無耶？於是心大狂亂。奔走至一精舍，見一比丘，具述前事。比丘曰："此人易可化度，已知此身非有也。"乃爲略説法要，遂得道果。汝等諸人，只説參禪舉因緣，便唤作佛法，此是禪髓，何不恁麽疑來參取，會得麽？你身不是無，有是心有，身則未嘗有；無是心無，身則未嘗無，你會得

————————————

① 《聯燈會要》卷二十六《朗州大龍智洪禪師》，《卍新纂續藏經》第 79 册，第 231 頁上欄。

麽？更説個心亦不有亦不無，畢竟不是你本有今無，本無今有。①

"汝等諸人"前則爲遠禪師爲教化弟子所引述"二鬼奪尸"之故事，這類示法故事雖多附著在禪師的生平故事之中，從師口中道來，飽含法理，啓人深思。儘管其僅占據燈録記事的很小一部分，然而因其本身具有獨立而完整的叙事結構，表現了很强的故事性，故而單列。

二、叙事藝術

由傳主事迹和示法故事組成的燈録之記事，讀來往往不覺乏味，有些故事情節甚至跌宕婉轉、詭譎多姿、引人入勝，人物形象亦鮮明生動，這與燈録的叙事藝術截然不可分。

（一）神異色彩

杜繼文等在《中國禪宗通史》中談到禪宗對神異的態度時指出：

> 就禪宗而言，對神異大體持三種態度：相信而且宣揚；否定而且批判；相信但不宣揚，或不置可否。持前兩種態度的人屬於極少數，第三種態度是禪宗的主流。②

顯然，禪宗並不大肆宣揚神異，但杜繼文等同時也指出了"神異在禪宗中始終悄然流行，有些禪師還隱秘地行密教諸法"③的有趣現象。與禪宗對神異的態度相類，傳統儒家對神異也概不宣揚，因此孔子在《論語·述而》中言："子不語怪、力、亂、神。"④ 然而孔聖人對《詩經》中姜嫄踐巨人之足迹而生等神異色彩也同樣不置可否。事實上，在人類文明之初，具有神異色彩的事迹一直伴隨著先民，口耳相承，並成

---

① 《嘉泰普燈録》卷二十五《龍門佛眼遠禪師》，《卍新纂續藏經》第 79 册，第 447 頁上欄。

② 杜繼文、魏道儒：《中國禪宗通史》，南京：江蘇古籍出版社，1993 年版，導言，第 15 頁。

③ 杜繼文、魏道儒：《中國禪宗通史》，南京：江蘇古籍出版社，1993 年版，第 17 頁。

④ 楊樹達：《論語疏證》，上海：上海古籍出版社，1986 年版，第 166 頁。

爲一種信史，以至於歷史和神話難以分割。後之志怪傳奇、英雄俠義等故事中之神異亦是循此軌迹而新放异彩。在西方，古希臘羅馬神話也被置於歷史和文學的高度。因此，可以説神話色彩是人類自始至終擁有的一種暢想和信念。推演到佛教，"神异"更是一切宗教不可迴避之共性，若要求得信徒、長足發展，禪宗自然會盡可能用"神异"這種傳統來自添光芒。所以，作爲禪宗的揚法瑰寶與史傳巨書，燈錄之叙事充滿了神异色彩。

出生與死亡爲生命必經之過程，俗人和僧人皆不可免。然過程雖皆同，方式却殊异。在諸燈錄中，禪師的出生和死亡往往被大書特書，顯得與衆不同、神异非常，這種記載極多，以下擇舉幾例。先看禪師出生之异：

> 出生之時，有六道白氣應於上像。儀鳳二年四月八日生。感此瑞氣，刺史瞻見，奏聞高宗。①
> 母高氏，夜夢异光瑩煌滿室，愕然睡覺，有若懷身。父母謂曰："所夢非常，如得兒子，盍爲僧乎！"寄胎十有六月載誕。②
> 母夢胡僧授以明珠，覺即有孕。誕時白光照室，親戚驚异。③
> 母李氏聞空中言："寄居得否？"乃覺有娠。誕生之夕，神光滿室。④

或感夢而生，或隨光而孕，或懷胎十六月方載誕，總之异乎凡俗、非同尋常。出生既觀，再看禪師亡化之奇：

> 大師云："餘人皆貴坐終，嘆爲奇异。余今立化，生死自由。"

---

① ［南唐］静、筠二禪師編撰；孫昌武，［日］衣川賢次，［日］西口芳男點校：《祖堂集》卷三《懷讓和尚》，北京：中華書局，2007 年版，第 190 頁。
② 《祖堂集》卷十七《雙峰和尚》，第 782 頁。
③ 《建中靖國續燈錄》卷十三《廬陵仁山隆慶禪院慶閑禪師》，《卍新纂續藏經》第 78 册，第 722 頁下欄。
④ 《五燈會元》卷三《汾州無業禪師》，第 81 頁下欄。

言訖，遂以手攀樹枝，奄然氣盡，終於埦公山。①

大曆三年，石室前掛鐺樹，掛衣藤忽盛夏枯死。四年六月十五日，集僧布薩訖，命侍者淨髮浴身。至夜，有瑞雲覆其精舍，空中復聞天樂之聲。詰旦，怡然坐化。時風雨暴作，震折林木，復有白虹貫於巖壑。②

於金剛窟前將示滅，先問眾曰："諸方遷化，坐去臥去，吾嘗見之，還有立化也無？"曰："有。"師曰："還有倒立者否？"曰："未嘗見有。"師乃倒立而化，亭亭然其衣順體。時眾議舁就茶毗，屹然不動，遠近瞻睹，驚嘆無已。師有妹為尼，時亦在彼，乃拊而咄曰："老兄疇昔不循法律，死更煢惑於人。"於是以手推之。憤然而踣。③

或攀枝而亡，或掛藤而死，或倒立而化，足見禪師入滅方式之殊異與傳奇。不僅如此，高僧們還可以通曉生死，預知入化的時間，且亡化之時多伴隨著奇妙的自然現象，上引慧忠禪師詰旦坐化而"風雨暴作，震折林木，復有白虹貫於巖壑"即可一證。又如：

先天元年七月六日，忽然命弟子新州故宅建塔一所。二年七月一日，別諸門人："吾當進途歸新州矣。"大眾緇俗啼泣，留連大師。大師不納，曰："諸佛出世，現般涅槃，尚不能達其宿命，況吾未能變異？分段之報，必然之至，當有所在耳。"④

唐長安二年九月五日，終於金陵延祚寺無常院。遺囑令露骸松下，飼諸鳥獸。迎出日空中有神幡，從西而來，繞山數匝。所居故院竹林，變白七日而止。⑤

慧能和尚算卻生死新州建塔，牛頭禪師金陵遷化而空中有神幡、竹

---

① 《楞伽師資記》，第 1286 頁中欄。
② 《五燈會元》卷二《牛頭山慧忠禪師者》，第 50 頁上欄。
③ 《五燈會元》卷三《臺山隱峰禪師》，第 83 頁中欄。
④ 《祖堂集》卷二《惠能和尚》，第 129～130 頁。
⑤ 《景德傳燈錄》卷四《金陵牛頭山六世祖宗》，第 228 頁下欄。

白七日，共證禪師亡化之奇。

出生和亡化之外，履歷是燈録展示禪師奇異的另一重点。履歷即生平事迹，涵蓋了禪師生活起居、布道弘法之大小諸事，這其中自然就有不少充滿神異色彩的事迹，且舉幾例：

> 有一禪師唯善塞竈，頻頻感得竈神現身。彼地敬重劇於佛像。是時和尚至彼，爲竈神説法。竈神聞法，便獲升天，故現本身，禮辞和尚："蒙師説法，重得升天，故來謝師，便還天府。"言猶未訖，瞥然不見。其竈瓦解，悉自落破。此師本部稱名，因此緣故破竈墮和尚也。①

> 年十二時，有白氣數道騰於所居屋壁。師即揮毫書其壁曰："白道從茲速改張，休來顯現作妖祥。定祛邪行歸真見，必得超凡入聖鄉。"題罷氣即隨滅。②

> 時屬野多妖鬼，魅惑於人。師孤形制伏，曾無少畏，故得降魔名焉。③

破竈墮和尚度化竈神、助其升天，興聖國師揮毫題壁、驅逐白氣，降魔藏禪師獨行無畏、力制妖鬼等一系列叙事書寫都帶有奇幻色彩。燈録將上述這些浸透著神異色彩的叙事引入其中，不僅契合了佛家神秘怪誕的宗教氛圍，而且增強了燈録的叙事藝術，表現出相當高的文學性。

（二）叙事時間

時間爲叙事必不可少的一個要素，而燈録文體在叙事上同樣體現出較强的時間性。羅剛在《叙事學導論》一書中將叙事時間細分爲順序、時距和頻率等④，這種分類可以作爲燈録的叙事文學性討論之範式。

叙事順序。通常來講，叙事順序有順叙、倒叙、插叙三種，而《叙事學導論》則將插叙稱爲例叙，並增加預叙一種。其言曰：

---

① 《祖堂集》卷三《破竈墮和尚》，第155頁。
② 《景德傳燈録》卷十八《福州鼓山興聖國師》，第351頁上欄
③ 《五燈會元》卷二《兗州降魔藏禪師》，第52頁下欄。
④ 參見羅剛：《叙事學導論》，昆明：雲南人民出版社，1994年版。

所謂例敘，是指對往事的追述，用熱奈特的話說，是指"對故事發展到現階段之前的事件的一切事後追述"。所謂預敘則是對未來事件的暗示和預期，用熱奈特的話說，是指"事先講述或提及以後事件的一切敘述活動"。①

綜觀唐宋禪宗燈錄，在敘述順序上基本都是采用順敘手法，本節前引道欽禪師的例子就是如此。又如：

> 曲阿人也，姓華氏。弱冠智勇過人，身長七尺六寸。隋大業中為郎將，常以弓挂一濾水囊，隨行所至汲用。累從大將征討，頻立戰功。唐武德中，年四十，遂乞出家。入舒州皖公山，從寶月禪師為弟子……後以正法付方禪師。師住白馬，棲玄兩寺，又遷石頭城。於儀鳳二年正月十日示滅，顏色不變，屈伸如生，室有异香，經旬不歇。遺言水葬焉。②

順敘是記事最常用的手法，便於清晰呈現人物生平事迹，故而為燈錄記事所青睞。除順敘外，例敘（插敘）等手法在燈錄中也偶有運用，如前討論燈錄之內容書寫中所引述的希運禪師的例子：

> 後遊上都，因行分衛而造一門，云："家常。"屏後有老女云："和尚太無厭生！"……師重致言謝，擬欲師承。阿婆曰："吾是五障之身，故非法器。吾聞江西有百丈大師，禪林郢匠，特秀群峰，師可詣彼參承。所貴他日為人天師，法不輕來耳。"後人傳說，此婆少年曾參見眾國師也。③

此處，在阿婆對話並指引希運往參百丈大師之後，插入交代"此婆少年曾參見眾國師"的佛法因緣，讓閱者對阿婆頓時刮目相看，也為阿

---

① 羅剛：《叙事學導論》，昆明：雲南人民出版社，1994年版，第135頁。
② 《五燈會元》卷二《牛頭山智岩禪師者》，第49頁中欄。
③ 《祖堂集》卷十六《黃蘗和尚》，第730頁。

婆和希運之間的高深對話作了深層的背景注解。

叙事時距。"所謂時距，是指故事時間與叙事時間長短的比較"①，其"意義在於可以幫助我們確認作品的節奏，每個事件占據的文本篇幅説明了作者希望喚起注意的程度"②。舉前文道欽禪師的例子來説，與道欽關涉的事件人物分別有素禪師、樵者、馬祖、智藏、代宗、忠國師等，但從文字描寫的時間篇幅來看，素禪師、智藏和忠國師的叙事時間更長，場景也設置得生動真切，由此可以表明，在道欽禪師的菩提路上與素禪師等人相關的事件是燈録作者希望我們關注和重視的。同時，燈録的機緣傳承記載及其禪宗史書性質決定了燈録不可能完整地記録每一位禪師的生平故事，重點叙述的部分則往往是某一禪師悟道求法的亮點，也是燈録作者希望讀者注意的地方。此種安排使禪師的生平事迹顯得錯落有致，富於層次感和張力。

（三）叙事情境

叙事情境體現了叙述者和故事之間的關係。叙述者采用何種叙事人稱，以及站在什麼樣的角度叙事，都會呈現出不同的叙事效果。燈録是特定的禪宗文體，旨在言明師資傳承和禪師言行，故而不必像小説、戲曲等文學叙事作品那樣在複雜的叙事情境去開掘深層的叙事空間，因此，燈録在人稱、方式、聚焦等叙事情境上表現出固定、單一的叙事模式。且舉兩例，其一言：

> 滎陽人也，姓張氏。始於本寺遇僧那禪師開示，志存儉約，唯蓄二鍼，冬則乞補，夏乃捨之，自言一生心無怯怖，身無蚤虱，睡而不夢。常行乞食，住無再宿。所至伽藍，則破柴製履。貞觀十六年，於洛陽會善寺側，宿古墓中遇大雪，旦入寺見曇曠法師。曠怪所從來，師曰："法有來耶？"曠遣尋來處，四邊雪積五尺許。曠曰："不可測也。"尋聞有括録事，諸僧逃隱。師持鉢周行，聚落無所滯礙，隨得隨散，索爾虛閑。有請宿齋者，師曰："天下無僧，方受斯請也。"又嘗示人曰："諸佛説心令知心，相是虛妄，今乃重

---

① 羅剛：《叙事學導論》，昆明：雲南人民出版社，1994年版，第145頁。

② 羅剛：《叙事學導論》，昆明：雲南人民出版社，1994年版，第146頁。

加心相。深達佛意。"又增論議殊乖大理，故常齋《楞伽經》四卷，以爲心要，如説而行，蓋遵歷世之遺付也。後於陶冶中無疾坐化，壽七十許。①

其二言：

> 衢州江山徐氏子。唐憲宗詔入内論義，有法師問："欲界無禪，禪居色界，此土憑何而立名禪?"師云："法師只知欲界無禪，不知禪界無欲。"云："如何是禪?"師以手點空，法師無對。憲宗云："法師講無限經論，只這一點，便不奈何。"師問諸碩德："行住坐臥，以何爲道?"有對云："知者是。"師云："不可以智知，不可以識，何謂知者是?"有云："無分別者是。"師云："善能分別諸法相，於第一義而不動，安得無分別者是?"有云："四禪八定是。"師云："佛身無爲，不墮諸數，安得四禪八定是?"於是舉眾杜口。妙喜云："相罵饒儞接觜，相唾饒儞潑水。"順宗問："何者是佛?"師云："不離陛下所問。"帝默契。②

如上分别是對慧滿和鵝湖大義二禪師生平事迹之書寫。從人稱上看，都主要運用了第三人稱，如"師云""曠云""有云""順宗問"等。直接引語在一定程度上避免了叙述者的肆意發揮，保證了燈錄内容的客觀性，也能直接啓悟參究此書之人。同時，第三人稱及直接引語奠定了燈錄的另一種叙述基調：外部聚焦的公開叙述。燈錄的作者是一個公開的叙述者，其站在全知全能的視角叙述禪師生平。

（四）人物形象

無論是神異色彩的渲染，還是叙事時間和情境的運用，都是爲了刻畫禪僧群體的形象，因此，可以説人物形象是燈錄叙事藝術的終極目標。平心而論，唐宋禪宗燈錄中所塑造的禪僧個性鮮明、豐富多姿，"倒立而化"的鄧隱峰便是一個極具個性的人物形象，其不拘常道，死

---

① 《景德傳燈錄》卷三《相州隆化寺慧滿禪師》，第 221 頁中欄。

② 《聯燈會要》卷五《信州鵝湖大義禪師》，第 48 頁中欄。

都要死得與衆不同，給僧俗界留下了深刻印象。此外，像丹霞燒佛、德山呵佛罵祖等都是人物形象的鮮明寫照。先看丹霞燒佛：

> 師經過一寺，值天寒，師取殿中木佛，燒火向。院主忽見，呵云："何得燒我木佛？"師以拄杖撥灰，云："吾燒取舍利。"院主云："木佛何有舍利？"師云："既無舍利，更請兩尊。"再取燒之，院主自後，眉髮墮落。[①]

再看德山呵佛罵祖之事：

> 上堂："我先祖見處即不然，這裏無祖無佛：達磨是老臊胡；釋迦老子是乾屎橛；文殊普賢是擔屎漢；等覺妙覺是破執凡夫；菩提涅槃是繫驢橛；十二分教是鬼神簿、拭瘡疣紙。"四果三賢，初心十地是守古塚鬼，自救不了。[②]

丹霞和德山一個燒佛取暖，一個呵佛罵祖，這雖然體現的是宗門破除對佛之執著，却也彰顯了二禪師放蕩不羈、敢爲人先和智慧聰穎之性格。又：

> 師自作飯供養衆僧，每至齋時，舁飯桶到堂前作舞曰："菩薩子吃飯來。"乃撫掌大笑，日日如是。[③]

金牛和尚舉止怪誕而又爽朗豪放之特質躍然紙上。

客觀地講，燈録絕不是純叙事文本，而是典型的禪宗史傳文體。對燈録進行叙事性探討不免略顯牽强，然而，如果僅把叙事作爲燈録文學性分析的一個開掘口，自有其合理性和意義。

---

① 《聯燈會要》卷十九《鄧州丹霞天然禪師》，第 165 頁中欄。
② 《五燈會元》卷七《鼎州德山宣鑒禪師》，第 142 頁中欄。
③ 《景德傳燈録》卷八《鎮州金牛和尚》，第 261 頁中欄。

第二節　燈録之記言

　　語言文字是一切文獻的外在生命力，禪宗文獻亦不例外。禪宗推崇
"不立文字"，力圖徹底破除對文字的執迷，然"如果嚴格按照祖師的訓
誡從事的話，'不立文字'的禪宗將給我們留下一張白紙"①，事實上，
"任何一種思想學説的傳播僅靠口耳受授是難以流傳開來並傳之久遠的，
一時一地的聲音語言必須通過文字形式記録下來，才能真正成爲一種精
神傳統傳世。祖師作爲肉體的生命形式必然會消亡，而後代的禪人只有
通過他的語言的記録，才能領悟其宗教精神"②。因此，佛法思想雖然
是禪宗的内核所在，而諸如燈録之類記言文獻才讓禪宗思想的外在生命
力得以延續和流傳，也正如此，禪門對語言文字依賴日深，形成了著名
的"公案禪""文字禪"。於燈録而言，語言文字不僅記録了禪宗主要之
思想歷程，而且語言文字書寫中傳達出的幽默機趣、詼諧生動、隱晦象
徵及其戲劇性等因子使得燈録之文學性凸顯，在僧俗界都有相當的地位
和影響。

　　陳望道在《修辭學發凡》一書中提出了修辭的兩類：消極修辭和積
極修辭。他指出，"積極手法的辭面子和辭裏子之間，又常常有相當的
離異，不像消極手法那樣的密合"③，且要"使看讀者經過了語言文字
而有種種的感觸"④。燈録語言文學性因子的大放異彩很大程度上源於
對修辭格的運用，尤其是積極的修辭手法。禪宗講求繞路説禪，禪師們
示法時重在啓悟而不道破，言語内外存在著"相當的離異"，聽者往往
能從中獲取"種種的感觸"，像"麻三斤""汝是慧超""灼然諦當""出
舌示之"等之於"如何是佛"的百變回答就是注解。所以，這種積極的
修辭適合了禪僧們言談交際的需要，亦促成了燈録文學性的彰顯。以下
就於燈録語言之修辭稍作分析。

---

① 周裕鍇：《禪宗語言》，杭州：浙江人民出版社，1999 年版，第 105 頁。
② 周裕鍇：《禪宗語言》，杭州：浙江人民出版社，1999 年版，第 106 頁。
③ 陳望道：《修辭學發凡》，上海：復旦大學出版社，2008 年版，第 7 頁。
④ 陳望道：《修辭學發凡》，上海：復旦大學出版社，2008 年版，第 57 頁。

一、譬喻

"思想的對象同另外的事物有了類似點，文章上就用那另外的事物來比擬這思想的對象的，名叫譬喻。"① 佛理玄奧深微，若要直接言説必定阻礙重重，並且聽閱者會難以理解，傳道開悟也就無從談起。譬喻的運用能夠讓佛理淺顯而形象化，給繞路説禪和開示傳法帶來方便法門，受到禪僧們的鍾愛。

> 故學人依文字語言爲道者：如風中燈，不能破闇，焰焰謝滅，若浄坐無事；如密室中燈，則解破闇，昭物分明，若了心源清浄。②

> 師即造百丈，禮而問曰："學人欲求識佛，何者即是？"丈曰："大似騎牛覓牛。"師曰："識得後如何？"丈曰："如人騎牛至家。"師曰："未審始終如何保任？"丈曰："如牧牛人執杖視之，不令犯人苗稼。"③

前一例中，爲表明學人以文字語言爲道法的兩種情形，分別借用了"風中燈"和"室中燈"來作譬喻，"浄坐無事"與"心源清浄"之二境界截然分明。後一例中，對於大安禪師的禮問，百丈各以"騎牛覓牛""騎牛至家"和"執杖視之，不令犯人苗稼"作解，傳神地表達出參禪學佛應自我證悟、不假外求的道理，"執杖視之，不令犯人苗稼"的比喻可謂生動貼切，而且話語間還藏有幾分幽默，讀來讓人忍俊不禁。關於以牧牛作譬喻闡釋佛法的，燈録中還有很多，如：

> 師後因一日在厨作務此，馬師曰："作什摩？"對云："牧牛。"馬師曰："作摩生牧？"對曰："一回入草去，便把鼻孔拽来。"馬師

---

① 陳望道：《修辭學發凡》，上海：復旦大學出版社，2008 年版，第 59 頁。

② 《楞伽師資記》卷一《齊朝鄴中沙門惠可》，第 1285 頁中欄。

③ 《五燈會元》卷四《福州長慶大安禪師》，第 89 頁上欄。

云："子真牧牛。"①

澄一日問："祖師西來，單傳心印，直指人心，見性成佛，子作麼生會？"滔云："某甲不會。"澄却問："子未出家時作個什麼？"滔曰："牧牛。"澄曰："作麼生牧。"滔曰："早朝騎出去，晚後復騎歸。"②

上堂曰："王老師自小養一頭水牯牛，擬向溪東牧，不免食他國王水草，擬向溪西牧，亦不免食他國王水草。不如隨分納些些，總不見得。"③

此三例皆是以牧牛來譬喻參禪修佛。譬喻只作比喻，並不直接道破機鋒，加上具有生動形象、淺顯易懂的特點，成爲禪師話語交流最常用之修辭。不妨再舉幾例：

初與歸宗南泉行脚時，路逢一虎，各從虎邊過了。南泉問歸宗："適來見虎似個什麼？"宗云："似個猫兒。"宗却問師："師云似個狗子。"④

師云："談玄説妙，譬如畫餅充飢；入聖超凡，大似飛蛾赴火。一向無事，敗種蕉芽，更若馳求，水中捉月。"⑤

自後遞代，以心傳心，直指人心，見性成佛。譬如金翅鳥，扇開大海，直取龍吞，擬議不來。⑥

如此，譬喻格在禪師話語交際中被頻繁使用，其受鍾愛之程度可見一斑。

---

① 《祖堂集》卷十四《石鞏和尚》，第 631 頁。
② 《建中靖國續燈錄》卷六《令滔首座》，第 674 頁中欄。
③ 《五燈會元》卷三《池州南泉普願禪師》，第 73 頁上欄。
④ 《景德傳燈錄》卷六《池州杉山智堅禪師》，第 248 上欄。
⑤ 《建中靖國續燈錄》卷十九《廬山開先華藏禪院廣鑒禪師》，第 760 頁上欄。
⑥ 《聯燈會要》卷二十九《臨安府淨慈慧暉禪師》，第 255 頁下欄。

二、借代

借代是燈録中又一常見的修辭。所謂“借代”，指“所説事物縱然與其他事物没有類似點，假使中間還有不可分離的關係時，作者也可借那關係事物的名稱，來代替所説的事物”①。借代可以分爲“旁借”和“對代”兩類，其細緻差别陳望道在《修辭學發凡》里已叙述得相當詳盡②，兹不復言，此僅隨意抽取幾組燈録中的借代之例，以見其意。

佛教傳入中土後，行脚之風漸淡，禪師修行傳法往往有自己的固定“勢力範圍”，尤喜依山而居，這樣山與和尚就有了直接的借代關係，禪師的修行居住地便成爲其在禪林中的代名詞。諸如德山宣鑒、潙山靈祐、洞山良價、曹山本寂、藥山惟儼、夾山善會、踈山和尚、韶山寰普、潮山延宗、越山和尚、禾山無殷、徑山宗杲等以所居之地代指禪師的實例不勝枚舉。此外，以禪師的特徵或所屬來代指的亦不少：

> 香嚴和尚嗣潙山，在鄧州。師諱志閑，未睹實録。時云青州人也。身方七尺，博聞利辯，才學無當。在潙山衆中時，擊論玄猷，時稱“禪匠”。③
>
> 忻州打地和尚，自江西領旨，自晦其名，凡學者致問，惟以棒打地而示之，時謂之“打地和尚”。④
>
> 師一日策杖披榛而行，遇六眸巨龜，斯須而失。庵於此峰，因號“龜洋和尚”。⑤

“禪匠”“打地和尚”“龜洋和尚”都是用禪師之所屬而獲得的借稱。

① 陳望道：《修辭學發凡》，上海：復旦大學出版社，2008 年版，第 65 頁。
② 參見陳望道：《修辭學發凡》，上海：復旦大學出版社，2008 年版。陳先生對旁借和對代分類甚仔細，旁借分爲特徵或標記相代、所在或所屬相代、作家或産地相代、資料或工具相代等；對代分爲以部分和全體相代、特定和普通相代、具體和抽象相代、原因和結果相代等。
③ 《祖堂集》卷十九《香嚴和尚》，第 827 頁。
④ 《景德傳燈録》卷八《忻州打地和尚》，第 261 頁下欄。
⑤ 《景德傳燈録》卷八《泉州龜洋山無了禪師》，第 260 頁中欄。

再如：

> 劍南周氏子，師在蜀，業《金剛經》，因號"周金剛"。①
> 後歸開元（今改兜率），居房織蒲鞋以養母，故有"陳蒲鞋"
> 之號。②

因講《金剛經》而號"周金剛"，由在家製鞋養母盡孝而稱"陳蒲鞋"，同樣是用禪師所屬來代指。

三、比擬

比擬是一種意境上的辭格，能够增强語言文字的情感性和表現力。比擬有擬人和擬物之分，擬物就是以人比物，使用得相對較少，而擬人則以物比人，是比擬中較爲常用的修辭法。燈錄中比擬的運用很多，如：

> 問："祖意與教意同別？"師曰："雨滋三草秀，春風不裹頭。"③
> 上堂云："春山春水，春雨春風。蝶舞花紅，鶯啼柳綠。"④

第一例中，奉禪師以雨比人，描繪出細雨滋潤、青草秀美的景象。第二例中，蝴蝶翩躚起舞，鶯鳥自在啼唱，春山、春水、春風、春雨，滿目盡是大好春光。此二例皆賦予雨、蝶、鶯等物以人的情感，深情描摹春景，可謂語短情長。當然，禪師們的這些比擬絕不僅僅局限於寫景，而是爲了達到開示弘法的目的。又：

> 又一日，明升堂。師出問云："幽鳥語喃喃，辭雲入峰亂，時

---

① 《聯燈會要》卷二十《鼎州德山宣鑒禪師》，第 171 頁下欄。
② 《五燈會元》卷四《睦州陳尊宿》，第 100 頁下欄。
③ 《景德傳燈錄》卷十一《隴州國清院奉禪師》，第 287 頁中欄。
④ 《建中靖國續燈錄》卷十二《福州玄沙明惠合文禪師》，第 718 頁上欄。

如何?"曰:"我行荒草裏,汝又入深村。"云:"官不容針,更借一問。"明便喝。①

　　僧曰:"江月照時琴影現,松風吹處語聲清。"師云:"一夜寒溪雪到明,梅花漏泄春消息。"僧曰:"木人聞作舞,石女聽高歌。"師云:"且道是何曲調?"僧曰:"伯牙若在,耻見永安。"師云:"難遇知音。"②

　　云:"如何是人境俱不奪?"師云:"少婦棹孤舟,歌聲逐水流。"③

幽鳥低語喃喃,好不羞澀;梅花無心泄露了春天的消息,好不矜持;歌聲追逐著流水,好不自在。一組組亮麗的擬人辭法精確地傳達出禪師的悟道體驗和佛法修爲。

四、對偶

　　對偶爲章句上的辭格之一,"說話中凡是用字數相等,句法相似的兩句,成雙作對排列成功的,都叫做對偶辭"④。如:

　　問:"大悟底人爲什摩却迷?"師云:"破鏡不重照,落花難上枝。"問:"師幸是後生,爲什摩却作善知識?"師云:"三歲宅家龍鳳子,百年堦下老朝臣。"⑤

　　問:"幽關未度,信息不通時如何?"師曰:"客路如天遠,侯門似海深。"⑥

對偶能從形式上產生對稱的美感。一般而言,要使得前後句字數相等、句法相似,必定得對語言文字錘煉一番,故而燈錄中加入了對偶辭

---

① 《嘉泰普燈錄》卷三《袁州楊岐方會禪師》,第 303 頁上欄。
② 《建中靖國續燈錄》卷二十一《蘇州承天永安院傳燈禪師》,第 776 頁上欄。
③ 《聯燈會要》卷十六《蘄州五祖法演禪師》,第 137 頁上欄。
④ 陳望道:《修辭學發凡》,上海:復旦大學出版社,2008 年版,第 162 頁。
⑤ 《祖堂集》卷八《華嚴和尚》,第 392 頁。
⑥ 《五燈會元》卷六《洪州泐潭匡悟禪師》,第 133 頁中欄。

的語言讀來總會給人詩味濃厚、形態工整和意蘊深長之感。對偶辭在燈錄中較爲常見，復舉兩例：

> 問："如何是和尚家風?"師曰："金鷄抱子歸霄漢，玉兔懷兒向紫微。"云："忽遇客來，將何祇待?"師曰："金果朝來猿去摘，玉花晚後鳳銜歸。"①
>
> 曰："恁麽則聞鐘，持鉢日上欄干。"師曰："魚躍千江水，龍騰萬里雲。"曰："畢竟如何?"師曰："山中逢猛虎，天上見文星。"②

五、藏詞

"要用的詞已見於習熟的成語，便把本詞藏了，但將成語的別一部分用在話中來替代本詞的，名叫藏詞。"③ 前半截被藏稱爲藏頭，後半截被藏則呼爲歇後藏詞語，即我們常說的"歇後語"。藏詞格中藏頭相對較少，而以歇後語居多，以下就詳細談談歇後語在燈錄中的用例。當然，無論藏前還是隱後，藏詞的成立都要基於習見的諺語或成語，先看兩例：

> 臨濟道："石火莫及，電光罔通，從上諸聖，以何爲人?"仰云："和尚作麽生?"潙云："但有言說，都無實義。"仰云："不然。"潙云："子又作麽生?"仰云："官不容針，私通車馬。"④
>
> 上堂。舉："南泉和尚道：'我十八上便解作活計。'趙州和尚道：'我十八上便解破家散宅。'"師云："南泉、趙州也是徐六擔板，祇見一邊。"⑤

"官不容針，私通車馬"和"徐六擔板，祇見一邊"是生活中常用

---

① 《景德傳燈錄》卷二十《洪州鳳栖山同安丕禪師》，第 362 頁上欄。
② 《五燈會元》卷十五《秀州資聖院盛勤禪師》，第 324 下欄。
③ 陳望道：《修辭學發凡》，上海：復旦大學出版社，2008 年版，第 128 頁。
④ 《聯燈會要》卷九《鎮州臨濟義玄禪師》，第 82 頁中欄。
⑤ 《五燈會元》卷二十《常州華藏遯庵宗演禪師》，第 424 頁下欄。

的俗諺，前半句是譬，後半句作解，一謂表裏互用而並行無礙，一講執著於一端的偏見。倘若把兩句俗諺的後半句截走，即只留下"官不容針"和"徐六擔板"，那麼就變成了以上所説的歇後語了。如：

> 師問："如何是無縫塔？"大陽良久，師便禮拜。大陽云："見什麼道理？"師云："不辭祇對和尚，恐上紙墨。"大陽云："官不容針。"①
>
> 上堂："與麼來者，現成公案；不與麼來者，垛生招箭；總不與麼來者，徐六擔板。"②

此二例都只保留了俗諺的前半部分，其歇後之處自然是留給聽者去填充了。燈錄中，有全句引用俗諺的，也有省略引用的，足見禪宗的高僧們對語言的靈活運用與把控。又如：

> 修山主云："風動心搖樹，雲生性起塵。若明今日事，暗却本來人。"師云："修山主雖甚奇怪，祇解抱橋柱澡洗。"③
>
> 上堂曰："日暖風和柳眼青，冰消魚躍浪花生。當鋒妙得空王印，半夜崑崙戴雪行。"僧問："如何是默默相應底事？"曰："啞子喫苦瓜。"④
>
> 俗士問："如何是即色是空？"曰："春蛇入竹筒。"⑤

第一例中，"抱橋柱澡洗"後省略了"放手不得"，喻指死守教條、執著文字之人；第二例的"啞子喫苦瓜"省去了"説不得"，指一種無法言説的體驗狀態；第三例里，"蛇入竹筒"的後半句是"曲心猶在"，借喻邪見尚未徹底根除。歇後藏詞語雖然字面上只用前面半截，但其本意在於後半截，略去之後則能啓悟學者思考，加上個中又保留了大量的

---

① 《天聖廣燈錄》卷二十五《廣州羅浮山顯如禪師》，第 548 頁下欄。
② 《五燈會元》卷十五《鼎州德山緣密圓明禪師》，第 308 頁上欄。
③ 《建中靖國續燈錄》卷二十七《江寧府蔣山法泉佛惠禪師》，第 806 頁下欄。
④ 《嘉泰普燈錄》卷五《筠州洞山微禪師》，第 324 頁上欄。
⑤ 《嘉泰普燈錄》卷二十四《福州東山雲頂禪師》，第 437 頁上欄。

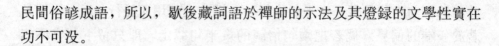

民間俗諺成語，所以，歇後藏詞語於禪師的示法及其燈録的文學性實在功不可没。

六、態勢語

態勢語就是"用裝態作勢的動作，就是態勢，來做交流思想的工具"①，"態勢共有三種，就是表情的、指點的和描畫的"②。禪宗盛傳，釋尊在靈山會上拈花示衆，聽者皆默然不解其意，獨迦葉尊者破顏微笑，故得傳涅槃妙心，此蓋謂表情的態勢語。其實，禪門講究不勘破，繞路説禪，用表情或動作來示法，避免對語言文字的糾葛，給佛理言説更大的方便法門。試舉兩例：

> 有僧問云："十二分教，某甲不疑，如何是祖師西來意？"師乃起立以杖繞身一轉，翹一足，云："會麽？"僧無對，師打之。僧問："如何是佛法大意？"師默然。③
>
> 僧問："如何是本來面目？"師便閉目吐舌，又開目吐舌。曰："本來有許多面目。"師曰："適來見甚麽？"僧無語。④

寶徹以杖繞身旋轉並翹足，洪薦閉目吐舌又開目吐舌都是禪師所用的典型態勢語，而這種表情或肢體語言背後所傳達的深意只能由學者自己去體悟了。

嚴格説來，態勢語修辭於言詞、章句貢獻並不大，因爲其"實在不是所要調整的語辭的本身"⑤。但是，表情或動作等態勢語的大量運用使得燈録文本染上了濃厚的表演性和戲劇性，故而作爲修辭格單列。

當然，燈録中出現的修辭手法遠不止以上所舉，像"水不離波，波

① 陳望道：《修辭學發凡》，上海：復旦大學出版社，2008年版，第17頁。
② 陳望道：《修辭學發凡》，上海：復旦大學出版社，2008年版，第17頁。
③ 《景德傳燈録》卷七《蒲州麻谷山寶徹禪師》，第253頁下欄
④ 《五燈會元》卷六《福州覆船山洪薦禪師》，第126上欄。
⑤ 陳望道：《修辭學發凡》，上海：復旦大學出版社，2008年版，第24頁。

不離水"①等就使用了頂真辭格，其他如誇張、設問、排比等舉目可見，限於篇幅，兹不復舉。同時，值得一提的是，上面各個修辭格所引證之材料大都不獨出於一處，很多都是重複出現，如"官不容針"亦見於《景德傳燈録》《聯燈會要》《建中靖國續燈録》《五燈會元》等文獻，燈録記言之文學性卓然可見。

第三節　詩偈之文學性

叙事和記言之外，燈録中的詩偈亦有相當之文學性，以下就詳爲論之。

偈，是梵語"Gātha"的省音譯，全譯作偈陀或伽他，漢譯爲頌或偈頌。兩種不同文化的碰撞與融合面臨的第一個問題一般是翻譯，而偈頌就是佛教東傳翻譯下的產物。"在漢譯佛典時，翻譯師爲了便於理解和讀頌，往往用中國詩歌的形式去翻譯，但由於受原典内容與形式的限制，因此傳譯的偈頌不得不放弃梵文的辭藻與韻律，形成一種非文非詩的體裁。後來，禪師們遂將自己或古德所作之詩（不限於四句，亦不限於五、七言）蓋稱作'偈頌'或稱'詩偈''歌頌'等。"② 然而，詩偈儘管以"詩"爲前綴冠名，却很少被納入正統文學的範疇，蓋因其作爲宗教文學並不符合中國正統思想。其實，伴隨著佛家僧團群體文化水平的提高、儒道文化的不斷融合和佛教受衆基礎的廣泛化等因素，詩偈的文學性有了質的蜕變，類似詩歌的詩偈比比皆是，明代胡應麟就在《少室山房筆叢》裏對"禪機中有絶類詩句者"③進行了專門的例舉，以見詩偈之詩性。隨後他還進一步引證道：

"一池荷葉衣無盡，數畝松花食有餘。剛被世人知住處，又移茅屋入深居。""千頂峰上一間屋，老僧半間雲半間。昨夜雲隨風雨

---

① 《歷代法寶記》卷一《劍南城都府净泉寺無相禪師》，《大正新修大藏經》第51册，第184頁下欄。

② 項楚等：《唐代白話詩派研究》，成都：巴蜀書社，2005年版，第307頁。

③ 參看［明］胡應麟：《少室山房筆叢》卷四十八《雙樹幻鈔下》，上海：上海書店出版社，2008年版，第493～496頁。

去，歸來始覺老僧閑。""千尺絲綸直下垂，一機才動萬波隨。夜景水寒魚不食，滿船空載月明歸。""孤猿叫落中峰月，野客吟禪半夜燈。此境此時誰得意，白雲深處坐禪僧。"右數詩皆見詩話，世所傳誦，誦《傳燈》諸録，乃知俱禪流偈語也。[1]

比寫景、談抒情、論意境，以上所舉之詩偈都可以當之無愧地歸入好詩行列。並且，由胡應麟的引證可知《景德傳燈録》諸録中的偈語的確具有濃烈的詩意，若不然，怎麼會讓一個有深厚修養的文學大家難辨偈語和詩歌呢？以下就簡略談談燈録中詩偈的文學性。

一、詩偈之文學性

隨手翻開諸燈録，禪師言談機語中散發著詩情。試舉如下：

> 雲在晴天水在瓶。[2]
> 長空不礙白雲飛。[3]
> 猿抱子歸青嶂後，鳥銜花落碧岩前。[4]
> 光陰輪轉有逢春，池柳亭梅幾度新。[5]
> 孤猨叫落中岩月，野客吟殘半夜燈。[6]
> 鶯囀千林華滿地，客游三月草侵天。[7]
> 夜來風色緊，孤客已先寒。[8]
> 清風與明月，野老笑相親。[9]

---

[1]《少室山房筆叢》，第 496 頁。

[2]《祖堂集》卷四《藥山和尚》，第 225 頁。

[3]《景德傳燈録》卷十四《石頭希遷大師》，第 309 頁中欄。

[4]《建中靖國續燈録》卷二十二《潭州大潙山祖琇禪師》，第 778 頁上欄。

[5]《祖堂集》卷七《雪峰和尚》，第 358 頁。

[6]《天聖廣燈録》卷三十《杭州南山興教寺惟一禪師》，《卍新纂續藏經》第 78 冊，第 570 頁下欄。

[7]《嘉泰普燈録》卷二 "鎮江府金山達觀曇穎禪師" 第 297 頁上欄。

[8]《聯燈會要》卷十五 "潭州大潙慕喆禪師"，第 131 下欄。

[9]《建中靖國續燈録》卷四《舒州法華禪院齊舉禪師》，第 661 頁下欄。

秋風吹渭水，落葉滿長安。①

帶雨一枝花落盡，不煩公子倚闌干。②

充滿詩味的精短偈語列畢，不妨再欣賞一下燈録中成行的長偈：

孤寂宇宙窮爲良，長吟高卧一閒堂。不慮寒風吹落葉，豈愁桑草遍遭霜。但看松竹歲寒心，四時不變流清音。春夏暫爲群木暎，秋冬方見鬱高林。③

摧殘枯木倚寒林，幾度逢春不變心。樵客遇之猶不顧，郢人那得苦追尋。一池荷葉衣無盡，數樹松花食有餘。剛被世人知住處，又移茅舍入深居。④

又如：

三十年來坐釣臺，釣頭往往得黄能。金鱗不遇空勞力，收取絲綸歸去來。千尺絲綸直下垂，一波纔動萬波隨。夜静水寒魚不食，滿舡空載月明歸。⑤

擁毳對芳叢，由來趣不同。髮從今日白，花是去年紅。豔冶隨朝露，馨香逐晚風。何須待零落，然後始知空。⑥

無须贅言，文字間流淌著的詩情與智慧一看即明。當然，已上所列舉多爲"雅偈"，而燈録文學性的範疇並不只局限於這些，其他數量眾多的通俗之詩偈同樣應該作爲詩偈文學性觀照的對象。

---

① 《聯燈會要》卷十六《蕲州五祖法演禪師》，第 137 頁上欄。
② 《五燈會元》卷十二《無爲軍冶父實際道川禪師》，第 260 頁上欄。
③ 《祖堂集》卷四《丹霞和尚》，第 212～213 頁。
④ 《五燈會元》卷三《明州大梅山法常禪師》，第 76 頁中欄。
⑤ 《聯燈會要》卷十九《秀州華亭船子德誠禪師》，第 169 頁上欄。
⑥ 《五燈會元》卷十《金陵清涼院文益禪師》，第 197 頁上欄。

二、詩偈之內容和藝術特色

燈錄中所記載的詩偈不僅文學性強，而且其反映的內容也相當廣泛，或描述日常生活，或表達參禪體悟，不一而足。其實，有學者已經歸納出龐居士詩偈的四種內容：描寫家庭生活及修行，禪悟詩，禪理之宣示，勸諭。① 另外，馮國棟在概括《景德傳燈錄》的詩偈內容時亦歸納了四個方面②，與前大致吻合，可作參究。二書在論述時都舉了翔實的例子，其他燈錄中也容易尋得，此就不作爲重點探討了。

詩偈具有獨特的藝術魅力，其藝術特色概言有三：一曰形式多樣，二曰通俗性與文采並重，三曰充滿哲思。

（一）形式多樣

燈錄裏詩偈的形式是豐富多樣的。在前面"燈錄之文學性"中已引述了很多五、七言詩偈，此外，像三言、四言、六言或雜言等同樣不少。抽舉如下：

> 舉不顧，即差互。擬思量，何劫悟？③
> 通玄峰頂，不是人間。心外無法，滿目青山。④
> 未出世，口如驢觜；出世後，頭似馬杓。百年終須自壞，一任天下十度。⑤

這些字數不一、形式多樣的詩歌偈語大大增強了詩偈的可讀性，有助於禪宗思想的傳播。

（二）通俗性與文采並重

燈錄中雖不乏雅詞亮句，但整體而論，多屬於俗文學的範疇，這主

---

① 參項楚等：《唐代白話詩派研究》，成都：巴蜀書社，2005 年版，第 253～306 頁。

② 參看馮國棟的博士學位論文《〈景德傳燈錄〉研究》，第 108～113 頁。馮國棟對《傳燈錄》的偈頌詩歌之內容分類有四，分別是悟道體驗、勸學示法、明志抒情、禪師生活的反映。

③ 《景德傳燈錄》卷十九《韶州雲門山文偃禪師》，第 356 頁中欄。

④ 《五燈會元》卷十《天台山德韶國師》，第 199 頁上欄。

⑤ 《嘉泰普燈錄》卷四《潭州雲蓋守智禪師》，第 313 頁中欄。

要是因爲燈録的材料大都來源於語録、行録等一類比較口語化的佛教文獻，而且在禪宗"不立文字"的理念下，歷代祖師機鋒問答之語本就是後學參究的一種方便法門，理應原樣記載傳承，故而通俗性就成爲燈録的藝術特性。隨舉幾例便能明白：

> 空手把鋤頭，步行騎水牛。人從橋上過，橋流水不流。①
> 一文大光錢，買得個油餈。吃向肚裏了，當下便不飢。②
> 北斗藏身未是真，泥牛入海何奇特。個中消息報君知，撲落虚空收不得。③

此三例偈語都通俗明了，第三例中的"泥牛入海"更是禪師自創的俗諺④，它的歇後語爲"無消息"，足見詩偈語言的通俗化。關於詩偈的雅趣與文采前已舉證和説明，總之，燈録詩偈呈現出通俗性與文采並重之特點。

（三）充滿哲思

錢鍾書云："偈子句每俚淺，而意甚悠渺，不易索解，待人冥思自悟。"⑤ 又云："偈語每理勝於詞，質而不韻，雖同詩法，或寡詩趣。"⑥ 這裏説的"或寡詩趣""俚淺"再次印證了前面所説的通俗性，而"意甚悠渺""理勝於詞"大抵就是講詩偈充滿哲思的特性。任何一門有影響的宗教都得是哲學的、思辨的，禪宗尤其如此，燈録詩偈所言的"理"和"意"就是禪宗哲思性的體現。前面舉到了善慧大士"人從橋上過，橋流水不流"和德韶國師"通玄峰頂，不是人間。心外無法，滿目青山"兩個詩偈，若細細咀嚼，就會發現其中機鋒不斷、佛理無窮，

---

① 《景德傳燈録》卷二十七《善慧大士》，第 430 頁上欄。
② 《嘉泰普燈録》卷二十七《白雲端禪師十二首》，第 460 中欄。
③ 《建中靖國續燈録》卷十二《江州東林興龍禪寺照覺禪師》，第 714 頁中欄。
④ "泥牛入海"之語最早見於《景德傳燈録》卷八《潭州龍山和尚》，其云："我見兩個泥鬥牛入海，直至如今無消息。"喻指不可能事物。
⑤ 錢鍾書：《談藝録》，北京：生活・讀書・新知三聯書店，2001 年版，第 665 頁。
⑥ 錢鍾書：《談藝録》，北京：生活・讀書・新知三聯書店，2001 年版，第 227 頁。

爲何橋流水不流呢？從不拘常理，體悟本心入手，方可冥思一二。"只此一偈，可以起吾宗"①，德韶國師更是憑這首樸實却盡藏玄機的偈語贏得了法眼文益禪師的佛心，燈録詩偈哲思之充盈於此可見一斑。

三、詩與禪

詩歌和偈頌本是相對獨立的兩種文體，然它們在發展軌迹上却頗有些契合，"從初盛唐起，禪宗的偈頌就開始流行，並逐漸褪去佛經伽陀的文體風格，成爲獨立於佛教經藏之外的押韻的順口的新宗教詩歌"②。隨著佛教中國化的深入，詩歌與偈頌的關係日益密切，尤其到五代、宋朝時的禪宗，已經達到詩禪相融的境界，出現了典型的"以禪喻詩"和"以詩入禪"。正是詩、禪的高度融合，纔成就了燈録詩偈的文學性和影響力，此一點不可不論。

（一）以禪喻詩

唐宋詩歌鼎盛，而禪宗亦大興，二者相滲相融，士大夫中禪悦之風盛行，文人多喜以禪喻詩：

學詩當如初學禪，未悟且遍參諸方。一朝悟罷正法眼，新手拈出皆成章。③

論詩如論禪，漢、魏、晋與盛唐之詩，則第一義也。大曆以還之詩，則小乘禪也，已落第二義矣；晚唐之詩，則聲聞辟支果也。學漢、魏、晋與盛唐詩者，臨濟下也。學大曆以還之詩者，曹洞下也。大抵禪道惟在妙悟，詩道亦在妙悟。④

學詩大略似參禪，且下工夫二十年。⑤

士大夫以禪喻詩不僅提高了禪宗的影響力，加速了儒、佛文化的融

---

① 《聯燈會要》卷二十七《天台德韶國師》，第 238 頁上欄。
② 周裕鍇：《禪宗語言》，杭州：浙江人民出版社，1999 年版，第 96 頁。
③ ［宋］韓駒：《陵陽先生詩》卷一《贈趙伯魚》，《全宋詩》第二五册。
④ 郭紹虞：《滄浪詩話校釋》，北京：人民文學出版社，1983 年版，第 11～12 頁。
⑤ ［宋］陸游：《贈王伯長主簿》，《全宋詩》第三九册。

合，而且間接把詩歌與禪語聯繫起來，促成了禪偈的詩化和文學性。

（二）以詩入禪

僧俗①二界的影響是交互的，士大夫喜禪悦之風的同時，禪僧又時好以詩入禪：

> 問：“如何是天柱家風？”師曰：“時有白雲來閉户，更無風月四山流。”問：“亡僧遷化向什麽處去也？”師曰：“灊嶽峰高長積翠，舒江明月色光暉。”……問：“如何是道？”師曰：“白雲覆青嶂，蜂鳥步庭華。”……問：“如何是和尚利人處？”師曰：“一雨普滋千山秀色。”問：“如何是天柱山中人？”師曰：“獨步千峰頂，優遊九曲泉。”問：“如何是西來意？”師曰：“白猿抱子來青嶂，蜂蝶銜華綠藥間。”②

> 師曰：“何得剜肉作瘡？”林曰：“海月澄無影，游魚獨自迷。”師曰：“海月既無影，游魚何得迷。”林曰：“觀風知浪起，玩水野帆飄。”師曰：“孤蟾獨耀江山静，長嘯一聲天地秋。”林曰：“任張三寸揮天地，一句臨機試道看。”師曰：“路逢劍客須呈劍，不是詩人不獻詩。”林便休。③

高慎濤在《以詩入禪的三種形態》④一文中歸納了以禪入詩的三種形態：禪偈的詩意化、以詩證禪、以詩釋禪。“海月澄無影，游魚獨自迷”就是典型的以詩釋禪，前半句寫佛法空明無礙的狀態，後半句喻無法解開葛藤的迷者，在工整的對仗中回答了“何得剜肉作瘡”的禪修狀態。不管何種形式的“以詩入禪”，我們都不得不驚嘆於禪師們出口成詩且包孕佛理的才情，這種才情葛兆光在《禪宗與中國文化》中稱爲“禪僧的士大夫化”，他指出：

---

① 按：這裏的“俗”特指文人士大夫階層，與民間市井無關。
② 《景德傳燈録》卷四《舒州天柱山崇慧禪師》，第229頁下欄。
③ 《五燈會元》卷十一《鎮州臨濟義玄禪師》，第220頁下欄。
④ 吳言生：《中國禪學》第四卷，北京：中華書局，2006年版，第356～364頁。

經過唐五代禪宗與士大夫的相互滲透，到宋代，禪僧已經完全士大夫化了，與大字不識的六祖惠能不同，他們不僅歷遊名山大川，還與士大夫們結友唱和，填詞寫詩，鼓琴作畫，生活安逸恬靜、高雅淡泊又風流倜儻。①

禪宗高僧們在保持農禪的基礎上注重與士大夫階層的交往和自身文化素養的提升，儼然成爲士大夫化的禪僧。其實，只要翻閱燈錄，謎底則不解自開，茲擇錄若干條如下：

　　處寂禪師，綿州浮城縣人也。俗姓唐，家代好儒，常習詩禮，有分義孝行。②
　　平生樂道偈頌可近三百餘首，廣行於世。皆以言符至理，句闡玄猷，爲儒彥之珠金，乃淄緇流之篋寶。③
　　鄧州丹霞天然禪師不知何許人也，初習儒學，將入長安應舉。④
　　少習儒業，學問該博，忽厭塵紛，乃慕入道。⑤
　　師幼習儒學，博通群言。年二十七，忽厭浮幻，潛詣終南山禮廣度禪師披削。⑥
　　復傍探儒典，遊文雅之場。⑦

僧者們很多都有深厚的儒學淵源，具有以詩入禪的能力也就不足爲奇了。燈錄所載之詩偈或俗或雅，形式多樣、滿布哲思，是士大夫化的禪僧的群體智慧傑作，對禪宗燈錄乃至整個中國文化史都有莫大的

① 葛兆光：《禪宗與中國文化》，上海：上海人民出版社，1986 年版，第 43～44 頁。
② 《歷代法寶記》卷一《處寂禪師》，第 184 頁下欄。
③ 《祖堂集》卷十五《龐居士》，第 699 頁。
④ 《景德傳燈錄》卷十四《鄧州丹霞天然禪師》，第 310 頁中欄。
⑤ 《建中靖國續燈錄》卷十三《東京大相國寺慧林禪院佛陀禪師》，第 719 下欄。
⑥ 《五燈會元》卷六《京兆府永安院善靜禪師》，第 135 頁上欄。
⑦ 《五燈會元》卷十《金陵清凉院文益禪師》，第 197 頁上欄。

貢獻。

　　總之，燈録在叙事、記言及詩偈上都不同程度散發著文學的魅力，對燈録的研究將有助於我們對禪宗思想文化進行準確的定位和再認識。此外，燈録中還載録了相當篇幅的序言、跋、疏、行業、書，它們同樣具有一定的文學性，像《景德傳燈録》的前序則爲士大夫楊億所作，言詞謙雅，情真理滿，然此誠無力展開詳述，唯期來者補正。

第五章　唐宋燈録的影響和價值

作爲佛教中國化産物的代表文獻之一，唐宋禪宗灯録兼具僧傳和語録之長，載録了禪門的師資傳承譜系及禪師的機緣問答，對宗門内外都産生了深刻而久遠的影響。同時，唐宋燈録中保存了大量史料、方言俚語等，不僅爲研究禪宗思想文化史和補充正統文學提供了文獻佐證，而且給後世瞭解唐宋時期的語言、文化風俗等打開了一扇明窗，具有極高的文獻價值、語言學價值等。

第一節　燈録的影響

影響的討論是對文獻或文體自身存在的肯定。燈録肇始於初唐，中唐時《寶林傳》《續寶林傳》等雖相繼出現，然並未形成規模和實際影響，甚至到體制相當宏大和成熟的《祖堂集》問世時，燈録也尚未獨立爲一種有廣泛影響的禪宗文體。降及北宋，道原《景德傳燈録》的問世纔使得燈録成爲真正意義上備受關注的重要的禪宗文體。當然，猶如河沙堆積一般，任何一種文體在初始沉澱階段皆鮮被關注，只有當其累積至高，作用和影響力纔展露出來。《景德傳燈録》的影響力之廣，一方面得益於燈録自身的成熟魅力，另一方面就不得不承認文人的修訂和朝廷扶持的貢獻了。楊億《景德傳燈録》序云：

> 皇上爲佛法之外護，嘉釋子之勤業，載懷重慎，思致悠久。乃
> 詔翰林學士左司諫知制誥臣楊億、兵部員外郎知制誥臣李維、太常

106

丞臣王曙等，同加刊削，俾之裁定。臣等昧三學之旨，迷五性之方，乏臨川翻譯之能，懵毗邪語默之要，恭承嚴命，不敢牢讓。①

從中足見朝廷的扶持之力及楊億等人的修訂之精。後雖《天聖廣燈録》《建中靖國續燈録》《嘉泰普燈録》等諸燈迭出，但始終沒有突破《傳燈録》的影響力，只有《五燈會元》可與《景德傳燈録》一比，宋代之後的眾多續作和新作都只是在唐宋燈録的範式下苟存。所以，唐宋燈録裏《景德傳燈録》和《五燈會元》兩部的影響力是其他燈録無法比擬的，因而本章要引證的相關材料自不會少。以下就於唐宋燈録對宗門內、外的影響分而論之。

一、對宗門內部的影響

燈録首先是一種禪宗文獻，寄托著禪僧繼承法脈、發展宗門的矢志，明古、示今、啓後悉皆不誤，祖師的言行和門派發展流布情況得以流傳下來，後世宗法，禪法大興，唐宋燈録實功莫大焉。

（一）續寫、仿寫之風

唐宋燈録對宗門內部的第一個重要影響就是引領了續寫、仿寫燈録之風。前已言及，由《楞伽師資記》到《續寶林傳》，燈録還相對素樸，五代《祖堂集》雖與後世之燈録無異，但影響並不大，到景德元年（1004），僧道原編就《景德傳燈録》進呈朝廷，宋真宗御賜翰林學士楊億等人修訂，並於大中祥符四年（1011）下詔將其編入大藏以廣流通，由是《傳燈録》"成爲有史以來第一部官修禪書，入藏流通"②，而後則有《天聖廣燈録》《建中靖國續燈録》《聯燈會要》《嘉泰普燈録》，南宋普濟融匯此五燈爲《五燈會元》，爲唐宋燈録畫上了完美的句號。多言無力，製表附後，不證自明，協便檢識（見表5—1）：

---

① 《景德傳燈録》卷一，第 196 頁下欄。

② 杜繼文、魏道儒：《中國禪宗通史》，南京：江蘇古籍出版社，1993 年版，第381 頁。

表 5—1　唐宋後之燈録簡表①

書目	卷數	成書時間	著者	收録情況
《五灯会元補遺》	1 卷	永樂十五年（1417）	明·南石文琇	《卍續藏》第一四二册
《五灯会元续略》	4 或 8 卷	崇禎十七年（1644）	明·遠門净柱	《卍續藏》第一三八册
《續傳燈録》	36 卷	—	明·圓極居頂	《大正藏》第五十一册
《增集續傳燈録》	6 卷	康熙十年（1671）	明·南石文琇	《卍續藏》第一四二册
《指月録》	32 卷	萬曆二十九年（1601）	明·瞿汝稷	《卍續藏》第一四三册
《繼燈録》	6 卷	順治八年（1651）	明·永覺元賢	《卍續藏》第一四七册
《五燈嚴統》	25 卷	桂王永曆八年（1654）	明·費隱通容等	《卍續藏》第一三九册
《續燈存稿》	12 卷	康熙五年（1666）	明·箬庵通問	《卍續藏》第一四五册
《教外別傳》	16 卷	崇禎四年（1631）	明·黎眉等	《卍續藏》第一四四册
《續指月録》	20 卷	康熙十八年（1679）	清·代聶先	《卍續藏》第一四三册
《祖燈大統》	98 卷	康熙十一年（1672）	清·白岩净符	《卍續藏》第一四〇册至一四二册
《五燈全書》	120 卷	康熙三十六年（1697）	清·霽侖超永	《卍續藏》第一四四册
《續燈正統》	42 卷	康熙三十年（1691）	清·別庵性統	《卍續藏》第一四四册
《撸黑豆集》	9 卷	乾隆五十九年（1794）	清·心圓居士	《卍續藏》第一四五册
《錦江禪燈》	20 卷	康熙三十二年（1693）重刊	清·丈雪通醉	《卍續藏》第一四五册
《黔南會燈録》	8 卷	康熙四十一年（1702）	清·善一如純	《卍續藏》第一四五册

---

① 此表主要參照《佛光大辭典》《中國燈録全書》《電子佛典》等整理而成。

（二）催生公案體

燈録多取材於語録、行状、傳記等材料，其本身"記載了大量祖師的'公案'，爲參禪者提供了判明教理、辨别邪正的典型案例"①，而公案選材則又多源於燈録和語録，因而，燈録與公案體的産生有著必然的聯繫。

《景德傳燈録》卷二十七《諸方雜舉徵拈代别語》收録了當時流行的話頭和著語，共計七十二條，被認爲"已經可以看到日後編撰的公案的萌芽"②，如：

> 死魚浮於水上，有人問僧："魚豈不是以水爲命？"僧曰："是。"曰："爲什麽却向水中死？"無對。（杭州天龍機和尚代云："是伊爲什麽不去岸上死？"）③
>
> 僧辭趙州和尚。趙州謂曰："有佛處不得住，無佛處急走過。三千里外逢人莫舉。"（法眼代云："恁麽即不去也。"）④
>
> 雲門和尚問僧："什麽處來？"曰："江西來。"雲門曰："江西一遂老宿嚫語住也未。"僧無對。（五雲代云："興猶未已。"）⑤

這些話頭和著語被截斷獨立成篇，短小而機鋒四出，和後之《碧岩録》等公案集頗有相似的地方，就此一點來講，《景德傳燈録》較前《寶林傳》《祖堂集》等燈録有明顯的進步，"借用燈史中的語言説，《祖堂集》只有正宗門和對機門，與此相比，《傳燈録》就需加上超出傳統的新因素了，於是，在卷二十七後半部分附加了拈古門"⑥。所以，《景德傳燈録》對禪宗公案的出現來説意義非凡。土屋太祐在《禪宗公案的形成和公安禪的起源》一文中亦指出：

---

① 周裕鍇：《禪宗語言》，杭州：浙江人民出版社，1999 年版，第 114 頁。

② ［日］石井修道：《宋代禪宗史的特色——以宋代燈史的系譜爲綫索》，見吳言生：《中國禪學》第三卷，北京：中華書局，2004 年版，第 179 頁。

③ 《景德傳燈録》卷二十七《諸方雜舉徵拈代别語》，第 435 頁中欄。

④ 《景德傳燈録》卷二十七《諸方雜舉徵拈代别語》，第 437 頁上欄。

⑤ 《景德傳燈録》卷二十七《諸方雜舉徵拈代别語》，第 437 頁中欄。

⑥ ［日］石井修道：《宋代禪宗史の研究》，東京：大東出版社，1987 年版。

　　總之，在南方開始對古人言行的闡釋活動（舉話）之後，通過公案集的編撰和拈古、頌古的活動，話頭逐漸變成了公案。與此同時，我們發現在這兩個變化的進程中，《景德傳燈録》這一部權威性聖典的出現都有重要的意義，就是説，一方面，公案集是從燈史分化過來的；另一方面，頌古等活動是把燈史中的話頭大大地簡化的。由此可見，在某種意義上，公案是燈史記載的對立概念，是對聖典的消化和演繹。①

　　當然，由於撰者的宗派身份，這一時期拈古、頌古的話頭和著語還主要局限於法眼宗一脉，隨著著語話頭的逐漸流行，其獨立編撰的需要被提上日程。建中靖國元年（1101）惟白在《建中靖國續燈録》中分正宗、對機、拈古、頌古、偈頌五門，便是循此路數而來。

　　另外，北宋禪僧宗勇編輯的十卷《宗門統要集》對公案集的出現同樣有重要的作用。《宗門統要集》主要依據傳燈諸録所輯載的禪門諸祖教化之機緣編成，因而具有燈録文體的性質，與此同時，其並不重視歷史性的記載，而著力於“收集超越歷史、作爲參究對象的公案”②，可看成燈録向公案演化的過渡之作，與《景德傳燈録》《建中靖國續燈録》諸燈録一起催化了公案體的誕生。

二、對宗門外部的影響

　　唐宋燈録體制雖囿於禪門，却遠播聲名於宗外，其對士大夫和儒家學案體之影響就是很好的説明。

（一）對士大夫的影響
·葛兆光在《禪宗與中國文學》一書的結束語中談到不得不對禪宗的影響刮目相看：

---

　　① ［日］土屋太祐：《禪宗公案的形成和公案禪的起源》，載於《社會科學研究》，2006 年第 5 期，第 32 頁。
　　② ［日］土屋太祐：《禪宗公案的形成和公案禪的起源》，載於《社會科學研究》，2006 年第 5 期，第 30 頁。

　　"一貫宗教觀點淡薄"的禪宗、理性主義的中國，唐宋以來，禪宗竟風靡一時，弄到士大夫幾乎"人人談禪"的地步。它幾乎取代了老莊思想的地位，還奪去了儒家的一部分地盤，它攝取了老莊思想和魏晋玄學的成份，又滲入了儒家思想體系的内部。唐宋以來的士大夫與唐宋之前的士大夫相比，也似乎有了一個既明顯又深刻的變化，心理上更封閉，性格上更内向，思維方式上越來越側重於"内省"式的直覺體驗，儘管表面上仍在大講儒學，但實際上的内在生活情趣却在向禪宗靠攏。①

　　由此可見禪宗對文人士大夫徹頭徹尾之影響。燈録在兩宋時幾乎成爲禪宗的代名詞，士大夫"人人談禪"，此"禪"自然離不開燈録。唐宋燈録於士大夫之影響的確無處不在，其中以《景德傳燈録》爲最。

　　《景德傳燈録》對士大夫的影響之例比比皆是，而蘇軾、蘇轍兄弟尤有名焉。蘇軾《曹溪夜觀〈傳燈録〉燈花落一僧字上口占》云："山堂夜岑寂，燈下看傳燈。不覺燈花落，茶毗一個僧。"② 子瞻夜晚參讀《景德傳燈録》戲作此詩，詼諧而不失優雅，無愧爲文人風流。蘇轍《書〈傳燈録〉後》云："去年冬，讀《傳燈録》，究觀祖師悟入之理，心有所契，必手録之，置之坐隅。"③ 其後，他在文中對《景德傳燈録》里鄧隱峰、南泉、仰山、香嚴、净慧等禪師的話語公案信手拈來，足見其對《景德傳燈録》的熟悉和嗜愛。蘇轍又有《讀〈傳燈録〉示諸子一首》，記云：

　　　　大鼎知難一手扛，此心已自十年降。舊存古鏡磨無力，近喜三更月到窗。早歲文章真自累，一生憂患信難雙。從今父子俱清净，共説無生或似龐。④

　　① 葛兆光：《禪宗與中國文化》，上海：上海人民出版社，1986 年版，第 205 頁。
　　② ［宋］蘇軾：《曹溪夜觀〈傳燈録〉燈花落一僧字上口占》，《全宋詩》第一四册。
　　③ ［宋］蘇轍著，曾棗莊、馬德富校點：《欒城集》第三集卷之九，上海：上海古籍出版社，1987 年版，第 1557 頁。
　　④ ［宋］蘇轍著，曾棗莊、馬德富校點：《欒城集》第三集卷之一，上海：上海古籍出版社，1987 年版，第 1464 頁。

禪宗及《景德傳燈錄》對士大夫的影響於此盡顯。蘇軾兄弟外，釋曉瑩《羅湖野錄》和胡仔《苕溪漁隱叢話》等亦可觀之。二書各載：

> 忽自知有而機莫能發，乃閱《傳燈錄》，至鄧隱峰倒卓而化，其衣順體不褪，深以爲疑，自是遍問尊宿，或答以神通妙用，或答以般若力資，疑終不釋。復趨晦堂而問之，晦堂笑曰："公今侍立，是順耶？是逆耶？"吳曰："是順。"晦堂曰："還疑否？"吳曰："不疑。"晦堂曰："自既不疑，何疑於彼？"吳於言下大徹。①

> 余讀劉興朝《悟道發真集》，其言曰："余少治儒術，長登仕版，蓋未嘗信佛也三十有二歲，見東林長老總公與之語七日始生信焉。"即取其書，讀之三年，蓋恨其信之之晚也。然循其理而體會則似悟還迷；依其法而行持，則暫静還擾。既而閱《傳燈錄》，始知佛有法眼妙心，密相付囑。"②

又陳與義《次韻謝天寧老見貽》云：

> 嗟予晚聞道，學看《傳燈錄》。三生蠹魚書，萬卷今可束。③

到此，想必不用復舉，已然能夠窺見《傳燈錄》對士大夫的深刻影響。④ 其他如《祖堂集》《五燈會元》等唐宋諸燈錄或載於目錄著述，或匯入文人詩篇，或啓悟閱者静修證悟，對文人士大夫產生了不同程度的重要影響。時至今日，校釋古書古語、闡釋文化思想等，仍舊無法繞開唐宋燈錄，郭紹虞《滄浪詩話校釋》、錢鍾書《談藝錄》等就多次引

---

① 《羅湖野錄》卷二《興元府吳恂》，第 390 頁下欄。
② 胡仔纂集，廖德明校點：《〈苕溪漁隱叢話〉後集》，北京：人民文學出版社，1962 年版，第 300 頁。
③ ［宋］陳與義：《簡齋集》卷二《次韻謝天寧老見貽》，見《文淵閣四庫全書》。
④ 按：關於《傳燈錄》對士大夫的影響分析，可以參閱馮國棟《〈景德傳燈錄〉研究》之"《景德傳燈錄》對宋代文人的影響"一章第一節，其從抄集、閱讀、題詠和續作四方面入手，有深入的引證説明。

用《景德傳燈録》《五燈會元》諸燈録作注解，唐宋燈録的遺風仍在，其對文人之影響亦難滅。

（二）對學案體的影響

唐宋燈録對學案體的産生亦有積極的影響。"作爲一種獨立的史籍編撰體裁，學案體史籍以專記學派的傳承流衍爲特色。始而述一家一派源流，繼之匯合諸多學術流派爲一編，遂由一家一派之學術史，而演爲一代乃至數百年眾多學派的學術史。"① 這種以記載學術思想史爲中心的新體裁，因其學派源流清晰、資料廣博翔實，受到後學的推崇和讚賞。學案體之特著名者如黄宗羲《明儒學案》《宋元學案》、萬季野《儒林宗派》等，《明儒學案》被奉爲里程碑式的大作，梁啓超認爲其"是極有價值的創作，將來做哲學史、科學史、文學史的人，對於他的組織雖有許多應改良之處，對於他的方法和精神是應永遠采用的"②。而這些學案體便與禪宗燈録有著密不可分的聯繫，從諸學案著作的體例中就可以發現，每則學案前皆先設一表，備舉師友弟子，並標明學派源流和師門系統，同時爲案主立小傳，叙述其平生概況和學術宗旨。以此與前述唐宋燈録之法統和内容書寫相比對，體例之相似不言自明。陳垣在《中國佛教史籍概論》中就於燈録和學案體之關係有直接的論斷：

　　　　自燈録盛行，影響及於儒家，朱子之《伊洛淵源録》，黄梨洲之《明儒學案》，萬季野之《儒林宗派》等，皆仿此體而作也。燈録謂釋迦牟尼以前爲七佛，猶儒家謂孔子以前，有堯、舜、禹、湯、文、武、周公也。③

所以，唐宋燈録肇始、盛行後，其影響逐漸衝破禪門，遠及宗外，可以説"佛家燈録的盛行，既爲禪宗師資傳承保存了豐富史料，也對儒學發展産生了無形影響"④。

---

① 陳祖武：《中國學案史》，上海：東方出版中心，2008 年版，第 3 頁。
② 梁啓超：《中國近三百年學術史》，北京：東方出版社，2004 年版，第 56 頁。
③ 陳垣：《中國佛教史籍概論》，上海：上海書店出版社，2005 年版，第 73 頁。
④ 陳祖武：《中國學案史》，上海：東方出版中心，2008 年版，第 21 頁。

第二節　燈録的價值

　　根據太田辰夫在《漢語史通考》中"同時資料"和"後世資料"的劃分①，唐宋燈録既有出土不久的敦煌寫本（《楞伽師資記》《傳法寶紀》《歷代法寶記》等），還有流傳既久的後世資料（《景德傳燈録》等五燈，流傳至海外的《祖堂集》亦屬此類），這些文獻史料較爲真實地保存了唐宋文字、語言的原貌，並且啓迪今人，有著重要的文獻價值、語言學價值和其他價值。

一、文獻價值

（一）史料價值
周裕鍇《禪宗語言》有云：

　　　　當代禪史研究者最不滿燈録之處就在於它們的僞造和篡改歷史，但這種僞造和篡改大多來源於唐代禪宗的著述，如禪宗西天、東土初祖的世系……實際上，燈録中有關晚唐五代和兩宋的禪宗世系記載，多根據語録、行狀、碑銘、傳記等等原始資料整理而成，有相當的史料價值。②

　　可見，燈録雖有僞造法統、篡改史實之嫌，但亦有著相當的史料價值。事實上，像《景德傳燈録》諸燈所記載的很多事實基本是可信的，從對以裴休、歐陽修、蘇軾、黃庭堅等一大批文人交遊、創作爲綫索的正統文學的考察就能够很好地説明這點，此不詳述。於禪門而言，諸如《楞伽師資記》《傳法寶紀》等敦煌出土本文獻因其年代久遠，又無更多的事實可爲旁證，已然可以當作"信史"，而五代、宋燈録中記録的禪

---

　　① ［日］太田辰夫：《漢語史通考》，江藍生、白維國譯，重慶：重慶出版社，1991年版，第75～76頁。按：太田辰夫將唐時語法資料分爲"敦煌出土的寫本"和"後世的資料"兩類，前者包含"文學""佛典"，可按同時資料對待，後者包括"文學及其他""佛典"，爲唐後世之資料。

　　② 周裕鍇：《禪宗語言》，杭州：浙江人民出版社，1999年版，第114頁。

門史料，排除宗門争法統、奪正脉的不實言論，依然是研究禪宗思想文化的重要資料。

（二）文獻校勘

文獻校勘歷來有之，清代乾嘉等學派尤盛，是整理和研究文獻的重要方法。校勘的方法有很多，可以是文本内理校，也可以是同一文獻不同版本之間的對校，還可以是與其他有關佛典或外典的他校。第三種方法在燈録文獻校勘中使用得較多，也最能够從中看出文字、内容的推演，第四章對燈録書寫的分析就是基於此方法進行的。由燈録之間的文本異同去探析相關的書寫現象和動機，是一種典型的他校。燈録材料多取材於語録，故而燈録同語録之間的校勘也能够把握住流傳演變的异同，日本學者於此用力甚多：

　　清代的校勘學被引進中國佛教史學，其結果是把（四）的禪籍（案：即禪家的語録等佛典）跟《傳燈録》《祖堂集》等進行比較，這一方法今年在日本盛行（如宇井博士的禪宗史研究）。這是對内容相同的部分進行字句上的比較，如果同一内容没有在兩種文獻裏重現，就不能進行比較。①

這種——拈出燈録和語録中同一内容之字句异同的校勘方式，於文獻的整理和利用有實際的重要意義。另外，以《祖堂集》的校勘爲例，像柳田聖山《祖堂集索引》②、衣川賢次《〈祖堂集〉札記》③、張美蘭《高麗海印寺海東新開印版〈祖堂集〉校讀札記》④、譚偉《〈祖堂集〉文獻語言研究》⑤等都是從文獻校勘的基礎功夫入手，充分挖掘和體現

---

①　［日］太田辰夫：《漢語史通考》，江藍生、白維國譯，重慶：重慶出版社，1991 年版，第 75 頁。

②　［日］柳田聖山：　《〈祖堂集〉索引》，京都：京都大學人文科學研究所，1980—1984 年。

③　［日］衣川賢次：《〈祖堂集〉札記》，《禪文化研究所紀要》第 24 號，1998 年。

④　張美蘭：《高麗海印寺海東新開印版〈祖堂集〉校讀札記》，載於《古漢語研究》，2001 年第 3 期。

⑤　譚偉：《〈祖堂集〉文獻語言研究》，成都：巴蜀書社，2005 年版。

了《祖堂集》的文獻價值。

（三）文獻輯佚

輯佚是唐宋燈録的又一大重要文獻價值。輯佚就是把他書未載或已失傳而此書保存下來的詩文輯録成册，這種被輯佚的詩文是相對唯一的，故而價值甚高。以目前的研究成果而論，《祖堂集》和《景德傳燈録》的輯佚價值最高。張靖龍從《景德傳燈録》中輯出唐五代佚詩二十餘首①，其中包括騰騰和尚《了元歌》、永嘉真覺大師《證道歌》、丹霞和尚《玩珠吟》等。又陳尚君《全唐詩續拾》②卷四十五據《祖堂集》和《景德傳燈録》輯録了三首詩歌，收入《全唐詩補編》，二者皆是利用燈録的輯佚於正統文學作了一個很好的補正。其實，對刊刻精良、失而復得之《祖堂集》的輯佚一直都是學界的研究熱點，陳躍東等有《〈祖堂集〉及其輯佚》③，爲《全唐詩補編》拾掇了佚詩 22 首，如此充足的價值不可小覷。詹續左等又有《〈祖堂集〉的文獻學價值》④，該文列出了失傳的《撫州李太傅請師疏》和《刺史李萬卷李公判》二文，還有德山和尚《章沙門元會撰碑》、石霜和尚《章孫握撰碑》等碑文，事實表明，"這些失載、略載的文獻資料具有很高的文獻價值，它不僅大益於禪宗史的研究，同時對唐代詩文的補遺和整理，對我們考求詞語進而判定《祖堂集》的文本屬性都很有價值"⑤。無獨有偶，《祖堂集》的文獻輯佚及其價值的開掘一樣適用於其他燈録，在文獻輯佚方面，唐宋燈録還可以有更加細緻的整理和開掘。

二、語言學價值

唐宋燈録是語言文字的寶庫，具有極高的語言學價值，其主要特點

① 張靖龍：《〈景德傳燈録〉中的唐五代佚詩考》，載於《溫州師範學報》（社會科學版），1987 年第 1 期。

② 陳尚君：《全唐詩續拾》卷四十五，見《全唐詩補編》，北京：中華書局，1992 年版。

③ 陳躍東、周敬敏：《〈祖堂集〉及其輯佚》，載於《文獻》，2001 年第 1 期。

④ 詹續左、何繼軍：《〈祖堂集〉的文獻學價值》，載於《古籍整理研究學刊》，2009 年第 3 期。

⑤ 詹續左、何繼軍：《〈祖堂集〉的文獻學價值》，載於《古籍整理研究學刊》，2009 年第 3 期，第 12 頁。

至少有二：一曰數量眾多，二曰語言地道。

　　數量眾多。禪宗講求"不立文字""直指人心"，然若要求得宗門的長久發展，就必須擇取一種能代替文字傳燈的傳承方式，由此口語便成了禪門的最佳依賴，用口語來言禪、記禪，不但一定程度上能破除對文字的執著，而且還使得禪的言説更加通俗、自由，"於言下便悟"説的就是這種言談中瞬間的頓悟狀態。事實上，"無論是在語録流行之前還是之後，'口耳受授'都是禪宗的主要傳燈方式。因此，唐宋口語是構成禪宗語言的最主要的成分"①。當然，此特點在唐前期的幾部燈録中表現得還不是太明顯，從中期《寶林傳》等以後就非常突出了，只要打開燈録，滿眼盡是"口耳受授"、言談互答之語。

　　語言地道。今天，如果我們想要做一個關於唐宋語言文字的調查研究，僅僅翻檢傳統文獻是不夠的，因爲這些傳統文獻代表的只是官話，也就是説相當於今天的"普通話"，而大量真正民間的、地道的語言還保存在禪宗燈録及其語録之中。燈録所載之語言之所以地道，其原因很好理解，中國禪宗主要是建立在農禪的基礎之上，由下至上發展起來的，一方面禪僧隊伍的主流大多爲文化程度不高的農民，另一方面他們寄居山間寺院，日常參禪之餘的生活方式也如農夫一般自耕自種，可以推見其接觸的俗人也是以本地人居多，因而，從禪師們口中吐出方言俚語也就不足爲奇了。第四章里討論燈録的語言文學性時就列舉了許多禪師的言語話頭，其中不乏俚語、歇後語等地道語言，如爲引證譬喻辭格而舉"牧牛"喻中曾談到南泉普願和尚"水牯牛"之例：

　　　　上堂曰："王老師自小養一頭水牯牛，擬向溪東牧，不免食他國王水草，擬向溪西牧，亦不免食他國王水草。不如隨分納些些，總不見得。"②

又《祖堂集》中也有類似的説法：

---

① 周裕鍇：《禪宗語言》，杭州：浙江人民出版社，1999 年版，第 322 頁。
② 《五燈會元》卷三《池州南泉普願禪師》，第 73 頁上欄。

　　　　僧問逍遙："如何是一頭水牯牛?"逍遙云："一身無兩
　　役。"……又僧問曹山："只如水牯牛,成得個什摩邊事?"曹山云:
　　"只是飲水吃草底漢。"僧云："此莫便是沙門邊事也無。"①

　　關於"水牯牛",徐寶華等在《漢語方言大詞典》中云："江淮官
話、湘語、徽語、贛語等稱公牛爲'水牯牛'。"② 足見燈録語言的地
道。同時,例中的"什摩"之"摩"爲當時常用的口語,在燈録里出現
的頻率甚高,如"做什摩""作摩生"等俯拾即是,像《祖堂集》此類
燈録更有專門爲檢索口語編寫的索引③,燈録之口語化程度可見一斑。
此外,燈録還存有相當豐富的異體字、俗體字等④,如"曹"與"曺",
"吃"與"喫"等,皆是唐宋燈録保存至今的珍貴的語言文字資料。所
以,就保存語言文字的數量而論,唐宋後期燈録勝出;就語言文字的地
道程度來講,則前期燈録爲佳。

　　總之,燈録記載的這些大量而地道的口語比較全面真實地保存了各
個地方的語言範式,爲研究近古之文字語言、社會風俗等提供了一手素
材。所以,唐宋燈録無愧爲語言文字之寶庫。

三、其他價值

　　除文獻、語言學價值外,唐宋燈録的價值還有很多,此不一一詳
述,此僅再對燈録於教育學的深刻啓示作一擴充,以見唐宋燈録之其他
價值。在我們自詡人類文化和教育高度發展的今日,或許教育方式本身
還有很多向古人尤其是禪門僧人學習的地方。客觀地説,禪師們在傳
道、授業、解惑方面絕對是值得今人學習的大師。且看:

---

　　① 《祖堂集》卷十六《南泉和尚》,第 707 頁。
　　② 徐寶華、[日]宮田一郎:《漢語方言大詞典》,北京:中華書局,1999 版,第
987 頁。
　　③ [日]太田辰夫:《〈祖堂集〉口語語彙索引》,朋友書店,1962 年版。
　　④ 按:關於俗體、異體字的例子很多,其中又以《祖堂集》的研究比較突出,
重要的如太田辰夫《唐宋俗字譜——祖堂集之部》、王閏吉《〈祖堂集〉語言問題研
究》、詹緒左《〈祖堂集〉詞彙研究》、譚偉《〈祖堂集〉文獻語言研究》等。

　　百丈問："如何是佛法旨趣?"師云："正是汝放身命處。"師問百丈："汝以何法示人?"百丈豎起拂子。師云："只遮個爲當別有。"百丈抛下拂子。僧問："如何得合道?"師云："我早不合道。"僧問："如何是西來意?"師便打乃云："我若不打汝諸方笑我也。"①

　　對於百丈的發問，師看似正面作了回答，却又並無答案，其實是引導弟子循著方向自思自悟；而對於師的問題，百丈以豎和抛拂子巧解，體現了教學的互動，甚至對僧的敢於提問，師用"打"作回應，當然，這裏的"打"與前文所説的態勢語相類，禪門並非崇尚暴力的教學方式，只是以此種方便去截斷思維而啓迪弟子思考開悟。又：

　　師升堂。有僧出，師便喝，僧亦喝，便禮拜，師便打。趙州遊方到院，在後架洗脚次，師便問："如何是祖師西來意?"州曰："恰遇山僧洗脚。"師近前作聽勢。州曰："會即便會，咰啄作什麼。"師便歸方丈。州曰："三十年行脚，今日爲人下注脚。"問："僧甚處來。"曰："定州來。"師拈棒，僧擬議，師便打，僧不肯，師曰："已後遇明眼人去在。"僧後參三聖，繞舉前話，三聖便打，僧擬議，聖又打。師應機多用喝，會下參徒亦學師喝。師曰："汝等總學我喝，我今問汝：有一人從東堂出，一人從西堂出，兩人齊喝一聲，這裏分得賓主麼? 汝且作麼生分? 若分不得，已後不得學老僧喝。"②

　　此例中，不同老師的教學方式充滿個性和智慧：趙州以譬喻巧解義玄之問，並訓誡其以誠實的態度參究，切不可裝腔作勢；三聖和義玄都用"打"來破除小和尚的思維執著；義玄禪師又用舉故事、出難題的方式對付學他説話的調皮學生。如此種種，禪師們做到了因材施教。設若我們能從禪門之接化弟子的方式中細加甄別、合理擇取，相信於今日之教學育人必定大有裨益。

---

① 《景德傳燈録》卷六《江西道一禪師》，第 246 頁上欄。
② 《五燈會元》卷十一《鎮州臨濟義玄禪師》，第 220 下欄。

　　當然，文獻學和語言學價值是唐宋燈録的主要價值，然諸如教育、哲學、社會學等其他價值在這些燈録文獻中同樣存在，可以更加深入地挖掘。如此豐富多元的價值，方纔成就了唐宋燈録在中國禪宗史、佛教史乃至中國文化史中的持久而重要的地位。

參考文獻

（子類目下以文獻名音序排列）

內典書目

1.《傳法寶紀》，（唐）杜朏，《大正新修大藏經》第 85 冊。

2.《出三藏記集》，（梁）釋僧祐撰，《大正新修大藏經》第 55 冊。

3.《佛祖歷代通載》，（元）華亭念常集，《大正新修大藏經》第 49 冊。

4.《景德傳燈錄》，（宋）僧道原撰，《大正新修大藏經》第 51 冊。

5.《嘉泰普燈錄》，（宋）正受編，《卍新纂續藏經》第 79 冊。

6.《建中靖國續燈錄》，（宋）惟白集，《卍新纂續藏經》第 78 冊。

7.《歷代法寶記》，（唐）佚名，《大正新修大藏經》第 51 冊。

8.《聯燈會要》，（宋）悟明集，《卍新纂續藏經》第 79 冊。

9.《羅湖野錄》，（宋）曉瑩集，《卍新纂續藏經》第 83 冊。

10.《楞伽師資記》，（唐）釋净覺集，《大正新修大藏經》第 85 冊。

11.《六祖大師法寶壇經》，《大正新修大藏經》第 48 冊。

12.《六祖壇經箋注》，丁福保箋注，臺北：新文豐出版公司，1984 年再版本。

13.《宋高僧傳》，（宋）贊寧撰、范祥雍點校，北京：中華書局，1987 年。

14.《天聖廣燈錄》，（宋）李遵勖，《卍新纂續藏經》第 78 冊。

15.《五燈會元》，（宋）普濟撰，《卍新纂續藏經》第 80 冊。

16.《續高僧傳》，（唐）釋道宣撰，《大正新修大藏經》第 50 冊。

17.《圓覺經大疏釋義鈔》，（唐）宗密撰，《卍新纂續藏經》第 09 冊。

18.《中國燈録全書》，净慧主編，北京：中國藏學出版社，1993 年。

19.《中華傳心地禪門師資承襲圖》，（唐）宗密撰，《卍新纂續藏經》第 63 冊。

20.《祖堂集》，（南唐）静、筠二禪師編撰，孫昌武、[日] 衣川賢次、[日] 西口芳男點校，北京：中華書局，2007 年。

外典書目

一、工具書類

1.《辭海》，辭海編輯委員會，上海：上海辭書出版社，2000 年。

2.《辭源》，辭源修訂組、商務印書館編輯部編，北京：商務印書館，1988 年。

3.《佛光大辭典》，星雲法師監修、慈怡法師主編，北京：北京圖書館出版社，據臺灣佛光山出版社 1989 年影印本。

4.《漢語大字典》，漢語大字典編輯委員會、四川辭書出版社編纂，成都：四川辭書出版社；武漢：湖北辭書出版社，1986—1990 年。

5.《漢語方言大辭典》，徐寶華、[日] 宮田一郎編，北京：中華書局，1999 年。

6.《俗語佛源》，中國佛教文化研究所編，上海：上海人民出版社，1993 年。

二、專著類

1.《滄浪詩話校釋》，嚴羽著、郭紹虞校釋，北京：人民文學出版社，1983 年。

2.《崇文總目》，（宋）王堯臣等，《中國歷代書目叢刊》景粵雅堂叢書本，現代出版社，1987 年。

3.《禪宗初期史書的研究》，[日] 柳田聖山著，法藏館，1967 年。

4.《禪宗語言》，周裕鍇著，杭州：浙江人民出版社，1999 年。

5.《禪宗與中國文化》，葛兆光著，上海：上海人民出版社，1986 年。

6.《大藏經總目提要》，陳士強著，上海：上海古籍出版社，2008 年。

7.《古典目錄與國學源流》，王錦民著，北京：中華書局，2012 年。

8.《古典文獻學》，項楚、張子開主編，重慶：重慶大學出版社，2010 年。

9.《漢書》，（漢）班固撰、（唐）顏師古注，北京：中華書局，1962 年。

10.《漢語史通考》，〔日〕太田辰夫著，江藍生、白維國譯，重慶：重慶出版社，1991 年。

11.《舊唐書》，（後晋）劉昫等撰，北京：中華書局，1975 年。

12.《郡齋讀書志》，（宋）晁公武，《續古逸叢書》本。

13.《簡齋集》，陳與義著，文淵閣《四庫全書》本。

14.《欒城集》，（宋）蘇轍著，曾棗莊、馬德富校點，上海：上海古籍出版社，1987 年。

15.《聯燈會要》，朱俊紅點校，海口：海南出版社，2010 年。

16.《禮記正義》，（漢）鄭玄注、（唐）孔穎達疏、龔抗雲整理、王文錦審定，北京：北京大學出版社，2000 年。

17.《呂氏春秋集釋》，徐維遹撰、梁運華整理，北京：中華書局，2010 年重印本。

18.《論語疏證》，楊樹達著，上海：上海古籍出版社，1986 年。

19.《全宋詩》，北京大學古文獻研究所，北京：北京大學出版社，1986—1998 年。

20.《全唐詩續拾》，陳尚君編，北京：中華書局，1992 年版。

21.《全唐文》，（清）董誥等編，上海：上海古籍出版社，1990 年。

22.《遂初堂書目》，（宋）尤袤著，《叢書集成初編》本，上海：商務印書館，1935 年。

23.《宋代禪宗史の研究》，〔日〕石井修道著，東京：大東出版社，1987 年。

24.《宋代禪宗文化》，魏道儒著，鄭州：中州古籍出版社，1993 年。

25.《十駕齋養新録》，（清）錢大昕著，上海：上海書店出版社，1983年。

26.《宋史》，（元）脫脫等撰，北京：中華書局，1977年。

27.《少室山房筆叢》，（明）胡應麟著，上海：上海書店出版社，2008年。

28.《隋唐佛教史稿》，湯用彤著，武漢：武漢大學出版社，2008年。

29.《说文解字注》，（漢）許慎撰、（清）段玉裁注，杭州：浙江古籍出版社，2007年。

30.《苕溪漁隱叢話》，胡仔纂集、廖德明校點，北京：人民文學出版社，1962年。

31.《唐五代禪宗史》，楊曾文著，北京：中國社會科學出版社，1999年。

32.《談藝録》，錢鍾書著，北京：生活・讀書・新知三聯書店，2001年。

33.《通志》，（宋）鄭樵著，北京：中華書局，1987年。

34.《五燈會元》，蘇淵雷點校，北京：中華書局，1997年重印本。

35.《五家禪源流》，蔡日新著，蘭州：甘肅民族出版社，2009年。

36.《唯識學概論》，張曼濤主編，臺北：臺灣大乘文化出版社，1978年。

37.《修辭學發凡》，陳望道著，上海：復旦大學出版社，2008年。

38.《叙事學導論》，羅剛著，昆明：雲南人民出版社，1994年。

39.《新唐書》，（宋）歐陽修、宋祁等撰，北京：中華書局，1975年。

40.《中國禪學》，吳言生主編，北京：中華書局，2004、2006年。

41.《中國禪宗史》，印順著，湘潭：湘潭大學出版社，2011年。

42.《中國禪宗通史》，杜繼文、魏道儒著，南京：江蘇古籍出版社，1993年。

43.《中國佛教史籍概論》，陳垣著，上海：上海書店出版社，2005年。

44.《中國近三百年學術史》，梁啓超著，北京：東方出版社，2004年。

45.《中國目錄學史》，姚名達撰、嚴佐之導讀，上海：上海古籍出版社，2002 年。

46.《中國學案史》，陳祖武著，上海：東方出版中心，2008 年。

47.《〈祖堂集〉校注》，張美蘭，北京：商務印書館，2009 年。

48.《〈祖堂集〉索引》，〔日〕柳田聖山編，京都：京都大學人文科學研究所，1980—1984 年。

49.《〈祖堂集〉文獻語言研究》，譚偉著，成都：巴蜀書社，2005 年。

50.《直齋書錄解題》，（宋）陳振孫撰、徐小蠻等點校，上海：上海古籍出版社，1987 年。

學術論文

1.《〈寶林傳〉逸文研究》，〔日〕椎名宏雄，駒澤大學《佛教學部論文集》第十一號。

2.《〈傳法寶記〉的作者及其禪學思想》，王書慶，《敦煌研究》，2006 年第 5 期。

3.《〈傳法寶紀〉鈎沉》，陳士強，《法音》，1989 年第 7 期。

4.《禪宗典籍〈五燈會元〉研究》，黃俊銓，復旦大學博士學位論文，2007 年。

5.《〈禪宗的形成及其初期思想研究〉序》，任繼愈，《哲學研究》，1989 年第 11 期。

6.《禪宗公案的形成和公案禪的起源》，〔日〕土屋太祐，《社會科學研究》，2006 年第 5 期。

7.《敦煌本〈歷代法寶記〉的傳衣說及其價值》，杜鬥城，《社科縱橫》，1993 年第 5 期。

8.《俄藏黑城出土寫本〈景德傳燈錄〉年代考》，馬格俠，《敦煌學輯刊》，2005 年第 2 期。

9.《佛教宗派史上的譜系》，陳士強，《復旦學報》（社會科學版），1991 年第 1 期。

10.《高麗海印寺海東新開印版〈祖堂集〉校讀札記》，張美蘭，《古漢語研究》，2001 年第 3 期。

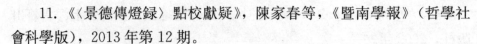

11.《〈景德傳燈録〉點校獻疑》，陳家春等，《暨南學報》（哲學社會科學版），2013 年第 12 期。

12.《〈景德傳燈録〉宋元刊本叙録》，馮國棟，《文獻》季刊，2006年 1 月第 1 期。

13.《〈景德傳燈録〉研究》，馮國棟，復旦大學博士學位論文，2004 年。

14.《〈景德傳燈録〉中的聯合式復音詞》，祖生利，《古漢語研究》，2002 年第 3 期。

15.《〈景德傳燈録〉中的唐五代佚詩考》，張靖龍，《温州師範學報》（社會科學版），1987 年第 1 期。

16.《〈歷代法寶記〉所見達摩祖衣傳承考辨》，王書慶等，《語言研究輯刊》，2009 年第 6 輯。

17.《〈楞伽師資記〉作者净覺禪師考》，宮炳成，《敦煌研究》，2006年第 2 期。

18.《論中國佛教禪宗定祖之争》，李文生，《敦煌研究》，2008 年第 3 期。

19.《宋代禪宗史的特色——以宋代燈史的系譜爲綫索》，石井修道，《中國禪學》第三卷，2004 年。

20.《宋代目録書所收禪宗典籍》，哈磊，《四川師範大學學報》（社會科學版），2010 年第 5 期。

21.《〈聖冑集〉的歷史特徵》，［日］田中良昭，駒澤大學《佛教學部研究紀要》第六十號。

22.《談談禪宗語録》，李壯鷹，《北京師範大學學報》（社會科學版），1998 年第 1 期。

23.《〈祖堂集〉詞語研究》，詹續左，上海師範大學博士學位論文，2006 年。

24.《〈祖堂集〉的文獻學價值》，詹續左、何繼軍，《古籍整理研究學刊》，2009 年第 3 期。

25.《〈祖堂集〉介詞研究》，梁銀峰，《語言研究輯刊》，2009 年第 6 輯。

26.《〈祖堂集〉及其輯佚》，陳躍東、周敬敏，《文獻》，2001 年第

1 期。

27. 《〈祖堂集〉語言問題研究》，王閏吉，上海師範大學博士學位論文，2010 年。

28. 《〈祖堂集〉札記》，〔日〕衣川賢次，《禪文化研究所紀要》第 24 號，1998 年。

29. 《〈五燈會元〉版本與流傳》，馮國棟，《佛教研究》，2004 年第 4 期。

30. 《〈五燈會元〉補校》，劉凱鳴，《文獻》，1992 年第 1 期。

31. 《〈五燈會元〉詞語續釋》，袁賓，《語言研究》，1987 年第 2 期。

32. 《〈五燈會元〉點校疑誤舉例》，喬立智，《宗教學研究》，2012 年第 1 期。

33. 《〈五燈會元〉釋詞二則》，邱震强，《中國語文》，2007 年第 1 期。

34. 《〈五燈會元〉虛詞研究》，闕緒良，浙江大學博士學位論文，2003 年。